図解 雨仕舞の名デザイン

堀 啓二 著

学芸出版社

JN101729

　雨を導くデザインは、楽しい世界です。

　「本当ですか？」と疑問に思う方もいるかもしれませんが、筆者が30年間建築の設計をしてきてたどり着いた感覚です。

　そうは言っても振り返ってみると、雨の処理のデザインは後回しになっていたと感じます。反省しきりです。平面・断面・立面・構造・設備の計画を並行してスタディを進め全体像を詰めて行く中で、雨の処理やそのデザインはどこか頭の隅に追いやられていたように思うからです。図面や模型やスケッチで空間のあらゆる箇所を十分検討しますが、その際、樋まではなかなか表現しません。ファサードを決定する上で意匠的にとても重要な要素でありながら、雨仕舞のデザインは設計者の意識の外におかれてしまいがちなのではないでしょうか。

　このように、雨の処理は設計者・施工者にとっていつも悩ましい問題です。一方で、日本の自然環境に対応した深い庇や水平の庇は、気持ちよいスケール感と陰影のあるファサードをつくります。そこに雨仕舞のデザインが効く、と捉えることもできるわけです。

　本書は、設計者・施工者が悩む雨の処理方法をファサードデザインの一つとしてポジティブに捉え扱うために、すぐれた事例から雨の導き方、納め方を学ぶ一冊です。紹介する事例からは、現代にも十分に活用できる古びない雨仕舞のアイデアを学ぶことができると思っています。

　なお、本書はタニタハウジングウェアのウェブサイトでの連載「雨のみちデザイン」がもとになっています。本書と合わせて、ぜひそちらもお楽しみください。

2020年9月　堀 啓二

はじめに

1部　　　　　　　　基本編

1章　雨仕舞の役割

雨は建物外部で処理する

ファサードを決定し景観をつくる雨仕舞

先人がつくった楽しい雨仕舞の世界

2章　雨仕舞のデザイン手法

7つのデザイン手法：うける／きる／みたてる／そわす／おどる／かくす／つなぐ

2部　　　　　　　　事例編

3章　文化施設

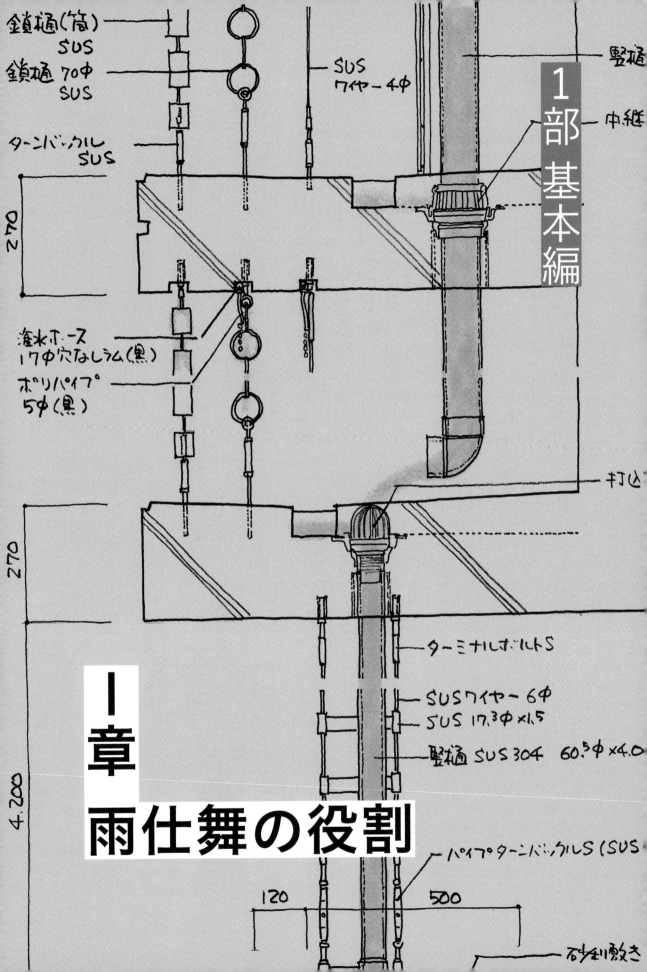

鎖樋（筒）
SUS

鎖樋 70Φ
SUS

ターンバックル
SUS

溢水ホース
17Φ穴なしラム（黒）

ポリパイプ
5Φ（黒）

SUS
ワイヤー4Φ

竪樋

中継

打込

ターミナルボルトS

SUSワイヤー6Φ
SUS 17.3Φ×1.5

竪樋 SUS304　60.5Φ×4.0

パイプターンバックルS（SUS

一章
雨仕舞の役割

270

270

4,200

120

500

砂利敷き

雨は建物外部で処理する

　雨は、屋根で受け集めて地面に戻すのが基本である。その処理方法は大きく分けて二つある。一つは建物内部のパイプスペースなどに雨樋を設け隠蔽し見せない方法、もう一つは建物外部に樋などを設けて処理する方法だ。フラットルーフの高層建築などに多い内部に隠蔽する方法は、スッキリしたファサードデザインをつくり出すが、漏水の恐れがついてまわる。建築には、シェルターとしての安全性・耐久性とともに日々のメンテナンスと更新のしやすさが必要である。その点から、雨の処理は建物外部が基本であると思う。そう考えると、必ずファサードに雨の流れが形として現れる。

　例えば、伊勢神宮や出雲大社などの切妻屋根、桂離宮や慈照寺東求堂などの書院や数奇屋の入母屋屋根、そして日本の町並みをつくってきた町屋の平入りや妻入りの切妻屋根は、雨から外壁を守り日射をコントロールするため、庇が深い。深い庇は、影をつくり水平を強調し、伸びやかで安定感のあるファサードを生み出す。このように、日本には屋根が豊かな景観をつくる文化があった。

　しかし、屋根の軒先には軒樋が付き、それを地面まで導く竪樋が必ず見えてくる。庇が深いゆえに軒先の軒樋から壁に付く竪樋は呼び樋で結ばれ、屋根の伸びやかな水平性を阻害する。つまり、雨仕舞のデザインが建物の見え方の良し悪しを決めうるのである。

　以下では、雨仕舞を考える際に押さえたいポイントを三つに分けている。また、雨を導く基本である軒樋・呼び樋・竪樋はいつも頭の片隅において設計してほしい。

①軒の見せ方

　軒の先端につく軒樋はファサードの水平性に影響する。軒先をシャープに見せるためには屋根と一体となった軒樋が一番である。この場合は、屋根材や樋同士の接合部のディテールと、施工方法の十分な検討が必要だ。この部分をおざなりにすると雨が軒裏に侵入し雨漏りを起こす。雨漏りを考えると軒先に樋自体を取り付けるのが良い。最近は半丸他、シャープな箱樋など数多くの種類が出ている。ファサードに合わせて選択してほしい。

②詰まりの配慮

軒樋（陸屋根ではドレイン）で注意すべきは、落ち葉などによる竪樋接合部の詰まりである。通常のメンテナンスが重要なのは言うまでもないが、落ち葉カバーなどを設ける対策が必要だ。最近では「ユキノキ・すとっ葉゜ー」というカバー付きでデザインされた軒樋もでている。軒樋から雨を導く呼び樋と竪樋は屋根面積に合わせてそのサイズと本数を決定する。詰まったときを想定して2箇所以上設けるのが基本だ。設ける位置がファサードの良し悪しを決めるので、十分検討してほしい。

③地面への接続

地面に接続する部分も十分に注意したい。地中の雨水排水管に接続する部分で曲がりが生じると、もったいない処理になってしまう。これは地中梁などが建物壁面より出ていて障害となるためである。設計の段階で十分に検討する必要がある。軒の出がない箱型の建物の場合、呼び樋を設けず竪樋を接続する。ただし、小さなエルボをつけると悪目立ちし、ファサードを乱すことがある。

ファサードを決定し
景観をつくる雨仕舞

皆さんは街の景観は公共的な施設がつくっていると思っているのではないだろうか。駅前などの普段通ることが多い地区は公共的な施設が多くあり、その印象が強い。しかし、街の中心を離れるとそこは住宅街であり、その景観は住まいがつくっていると言ってもよい。住まいの雨は戸建、集合住宅ともに外部で処理されファサードに現れる。住宅街を歩くと雨樋が必ず目に入るはずである。その大半は建物形状に沿ってつぎはぎに設けられていて、せっかくのファサードを台無しにしているものが多い。

これは、設計をする人、施工をする人が雨仕舞の見た目にあまり配慮しないことが一つの原因であるだろう。時には、

設計者が図面に指示していても施工する人がやり易いように
設置してしまうこともある。これは、双方が雨仕舞はただ機
能すれば良いと考えているからではないだろうか。ファサー
ドひいては街並み・家並みがつくりだす景観を決定づける重
要な要素として、雨の処理の見せ方をしっかりと考えるため
のアイデアや引き出しが必要である。

先人がつくった
楽しい雨仕舞の世界

　先人たちがつくってきた建築には、ファサードや景観を
引き立たせるような、雨を導くデザインの工夫が数多くある。
例えば下記のような、雨を視覚化し、楽しむデザインだ。

集落自体が雨を導く

　古い街であるイタリアのアルベロベッロは、土地を開墾す
るため15世紀後半にできた。トゥルッリと呼ばれる、モル
タルを使用しない石灰岩積みの円錐形のドーム屋根が連続す
る、リズミカルな景観の集落である。川が少なく降水量も年
間700mmと極端に少ないため、貴重な水資源である雨を地
下に貯留して利用している。屋根に降った雨は、建物と一体
化した軒、玄関の鴨居や中庭の階段をゆっくりと流れ、地下
の貯留槽に導かれる。アルベロベッロでは、雨の流れ方が街
全体で視覚化されている。

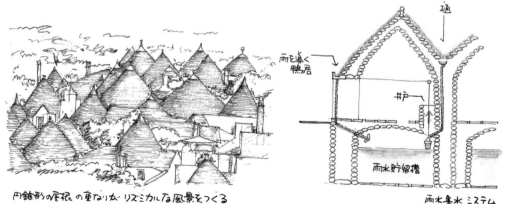

円錐形の屋根 の重なりが リズミカルな風景をつくる

トゥルッリ

雨水集水システム
屋根の雨を集めて 地下に貯留
井戸として使用

雨を視覚化し、ファサードの構成要素とする

　樋をファサードの一要素として活用している多くの建築がある。樋を線と面の構成要素の一つとして用いているシュレーダー邸（ヘリット・トーマス・リートフェルト）。無数のロート状の樋がリズミカルなファサードを構成しているパレスサイドビル（日建設計 林昌二）。宙に浮く樋とそれを受ける水盤が雨の流れを視覚化する牧野富太郎記念館（内藤廣）。ガーゴイルによって流れる雨が視覚化される香川県立体育館（丹下健三）。ほかにもル・コルビュジエ、マリオ・ボッタの作品など、ガーゴイルを用いた建築はまだまだある。さらに、深い庇を持つ寺社仏閣などに見られる鎖樋や、雨樋なし＋犬走りによる雨のカーテン等の開放型デザイン。普通なら嫌がられる雨垂れ自体をデザイン要素としたリコラ・ヨーロッパ社工場・倉庫（ヘルツォーク＆ド・ムーロン）等など、その手法は多彩である。

　故に、雨を導くデザインは、建築をよりよくする可能性に溢れた楽しい世界なのである。
　では、これらの楽しい雨仕舞のデザインを見ていこう。

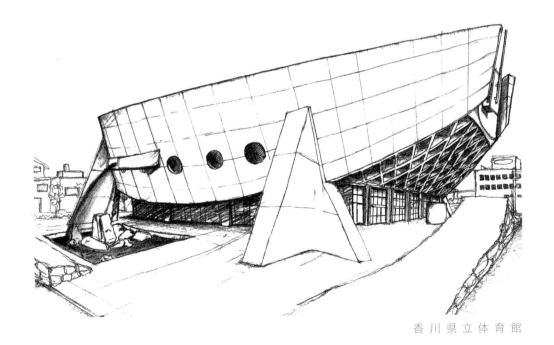

香 川 県 立 体 育 館

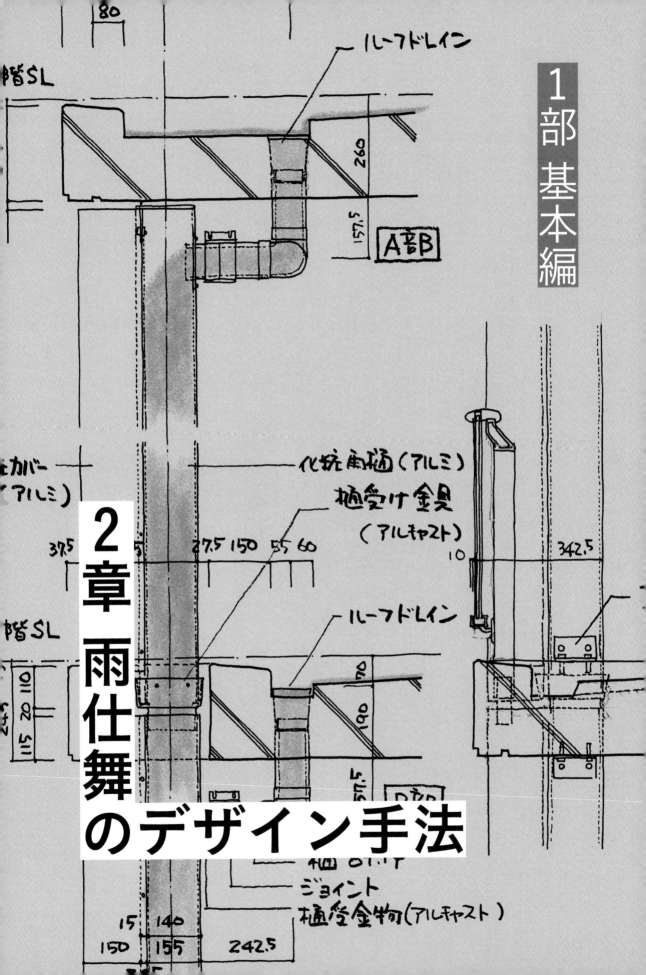

ルーフドレイン

階SL

260

157.5

A部B

化粧雨樋（アルミ）

樋受け金具

（アルキャスト）

ルーフドレイン

カバー
（アルミ）

375

27.5 150 55 60

10

342.5

階SL

115 20 110

ジョイント

樋留金物（アルキャスト）

15 140

150 155 242.5

2章 雨仕舞のデザイン手法

7つのデザイン手法

うける／きる／みたてる／そわす
／おどる／かくす／つなぐ

　雨樋の基本機能は、外壁を保護し雨を地面に戻す水循環の一部だ。最大の注意点は雨漏りであり、次に雨垂れや外壁に当たる雨からの外壁保護である。雨漏りさせないこと、外壁を保護すること、というこの二大テーマを、ファサードを乱すことなく、そして丈夫でメンテナンスしやすく解決するのが優れた雨仕舞のデザインだ。

　この二大テーマを解くためには、雨をスムーズに導く"流し方のデザイン"かつ見せ方を考える"納まりのデザイン"が考えられる。"流し方のデザイン"には直に雨を流す方法と一度受けてから雨を流す方法がある。"納まりのデザイン"は樋をあらわす方法とかくす方法がある。

　ここでは、雨の流し方、樋の納め方を右の7のキーワードに分類し、雨仕舞のデザインの基本を解説する。ここで解説するのは典型的な事例である。当然建築に解答がないように、雨仕舞のデザインはつくられる建築によって異なり多彩である。また紹介している中には、複数の手法にあてはまる事例もあることをことわっておきたい。

　なお、筆者が連載しているタニタハウジングウエアのウェブマガジン『雨のみちデザイン　"流し""納める"ディテール11章』をともに読んでいただくと理解が深まると思う。

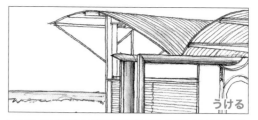

うける

きる

みたてる

そわす

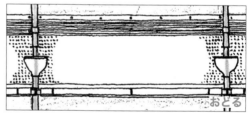

おどる

かくす

つなぐ

うける

　一般的に樋は軒樋から竪樋へと地面まで連続し配管される。"うける"は屋根で集めた雨水を一度開放してから受けて地面に流す手法である。この手法は大きく二つに分けることができる。

　一つは八代市立博物館のような屋根面で集めた雨水をロート状の樋で受けるデザイン。ロート状の樋は、谷樋の雨を受ける竪樋に多く見られる。谷樋と竪樋の接続は難しいため、分離することですっきり納まる。反面、分離することで雨がスムーズにロート状の樋に流れるかの十分な検討が必要となる。

　もう一つは愛知県立藝術大学講義棟のような竪樋を途中で切断し宙に浮かせ、流れる雨を水盤で受けるデザイン。水の流れもファサードの一部となる。この手法は、横引きの樋がファサードを乱す深い庇がある建築や、跳ね出しの建築に使用される。ファサードが整えられる反面、雨上がりの雨だれが風に飛ばされる危険がある。

〈ロート〉
八代市立博物館 未来の森ミュージアム（伊東豊雄、1991年）
千葉大学ゐのはな記念講堂（槇文彦、1963年）
マグニー邸（グレン・マーカット、1999年）

〈水盤など〉
愛知県立藝術大学講義棟（吉村順三、1966年）
金沢工業大学（大谷幸夫、1969〜1982年）
フレッチャー＝ペイジ邸（グレン・マーカット、1998年）

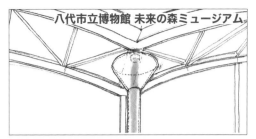

八代市立博物館 未来の森ミュージアム

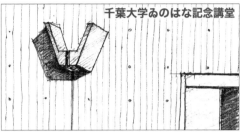

千葉大学ゐのはな記念講堂

マグニー邸

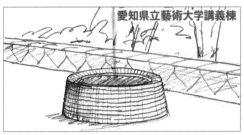

愛知県立藝術大学講義棟

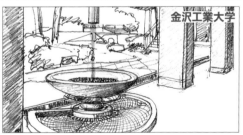

金沢工業大学

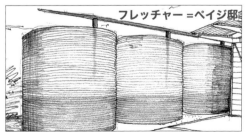

フレッチャー＝ペイジ邸

きる

　"きる"は樋を途中で切り、雨を開放して流す手法である。

　軒樋・吐水口をあらわしとし、そこから雨水を直に流す。この手法は大きく二つに分けることができる。

　一つは、屋根面から流れてきた雨を軒樋で受け樋の端で開放する、シンプルかつ軽快なデザイン。古くは自然素材の竹を半割にして軒樋として利用した桂離宮・月波楼や、一般的な半丸の金属樋を利用したグガルン・ハウスなどがある。

　もう一つは、雨が流れる先の吐水口をデザインした、いわゆるガーゴイルである。ヨーロッパの教会やル・コルビュジエの作品に多く見られ、石・コンクリート・金属など様々な材料でつくられる。

　"きる"は、軒樋端部やガーゴイルの先から流れる雨の流れ自体が視覚化され、ファサードのアクセントとなる。まさに自然がつくり出すオブジェと言える。また、竪樋がなくファサードがすっきり見える。

　反面、跳ね返り等による汚れが問題となる。砂利を敷くなど跳ね返りを和らげる検討が必要である。

〈開放端部〉
牧野富太郎記念館（内藤廣、1999 年）
ルイ・カレ邸（アルヴァ・アアルト、1959 年）
グガルン・ハウス（ピーター・ズントー、1990 ～ 94 年）

〈ガーゴイル〉
鈴木大拙館（谷口吉生、2011 年）
ふじようちえん（手塚貴晴＋手塚由比、2007 年）
TRIAD（槇文彦、2002 年）
サラバイ邸（ル・コルビュジエ、1955 年）
リヴァ・サンヴィターレの住宅（マリオ・ボッタ、1973 年）

牧野富太郎記念館

ルイ・カレ邸

グガルン・ハウス

鈴木大拙館

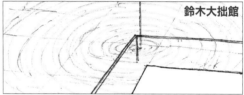

ふじようちえん

TRIAD

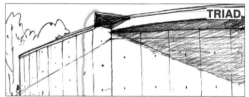

サラバイ邸

リヴァ・サンヴィターレの住宅

みたてる

"みたてる"はあらわしの雨樋の処理方法で、あらわしの竪樋を柱やフレームなどの他の要素に見立ててファサードを整える。

下館市立図書館の水平な庇の軒先から伸びるリズミカルな列柱に見立てた竪樋、葛西臨海水族園のガラスドームのフレームに見立てた軒樋、コスモ・ザ・パークス調布多摩川の格子フレームに見立てた竪樋、そしてシュレーダー邸の線と面で構成されたファサードの線に見立てた竪樋など、様々な手法がある。

"みたてる"は雨樋の基本であるあらわしの手法で、雨仕舞の存在をかくすことができる。しかしそのためには、柱に見立てるときに樋を支持する部材が見えないよう、目立たない支持方法をデザインする、また樋をフレームにあわせた形状と寸法にすることで一体のフレームに見えるようにデザインするなど、設計と施工での十分な検討が必要である。

下館市立図書館（三上清一＋益子一彦／三上建築事務所、
　　1998 年）
葛西臨海水族園（谷口吉生、1989 年）
コスモ・ザ・パークス調布多摩川（山本堀アーキテクツ・
　　三輪設計、2003 年）
シュレーダー邸（ヘリット・トーマス・リートフェルト、
　　1924 年）

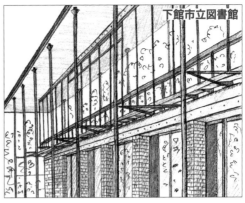

下館市立図書館

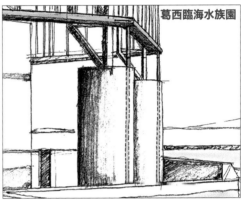

葛西臨海水族園

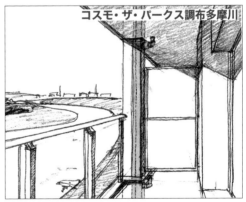

コスモ・ザ・パークス調布多摩川

シュレーダー邸

そわす

"そわす"は、鎖や壁面に添わせて雨水を見せながら流す手法である。

鎖は日本の伝統建築に多く見られ、また最近は AKIHABARA KADAN のように、緑化とともに使用される例が増えている。鎖には、リング・円筒形・円錐形など様々な形状があり、素材もステンレス・銅・ガルバリウムなどがある。設計に応じて決めてほしい。どれもシンプルで軽快で目立ちにくく、かつ軒樋から垂直に垂らされるためファサードを乱しにくい。しかし、風に煽られ外壁を傷つけたり、樋自体の破損を招く恐れがあるため、地面への固定や錘などを設ける検討が必要である。また、砂利などの地面による雨の跳ね返りにも注意したい。

house A や群馬音楽センターなど、建物のフォルムを活用して雨を流すデザインもある。屋根面と壁面が連続するように設計でしっかりと防水を考え、施工する必要がある。防水がしっかりしていれば雨漏りの心配は小さいが、汚れやすいため定期的な点検と清掃が必要である。外壁の材料によっては、森の学校 キョロロのように壁面の雨だれ自体がデザインの一要素になる例もある。

〈鎖〉
鈴木大拙館（谷口吉生、2011 年）
AKIHABARA KADAN（atelierA5、2013 年）

〈壁面〉
群馬音楽センター（アントニン・レーモンド、1961 年）
市村記念体育館（坂倉準三、1963 年）
森の学校 キョロロ（手塚貴晴＋手塚由比、2003 年）
TRIAD（槇文彦、2002 年）
サザンハイランドの住宅（グレン・マーカット、2001 年）
house A（青木淳、2007 年）

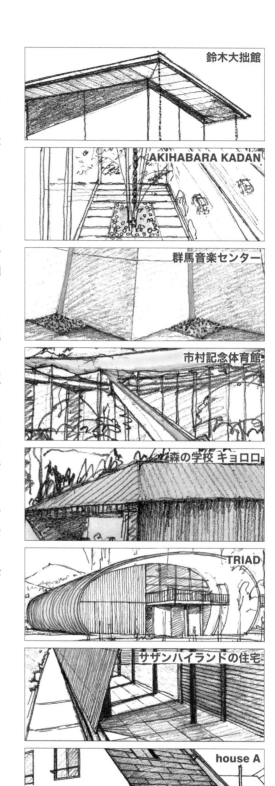

鈴木大拙館

AKIHABARA KADAN

群馬音楽センター

市村記念体育館

森の学校 キョロロ

TRIAD

サザンハイランドの住宅

house A

おどる

　設備機器の発達でどのような自然環境でも快適な内部空間が実現しやすくなったことや、カーテンウォールが出現して以来、凹凸のないフラッシュサーフェスが主流となったが、ファサードは単調になりやすい。一方、雨樋をファサードの構成要素として活用し、リズミカルなファサードをつくり出した建築がある。"おどる"の手法である。

　基本雨樋はない方がファサードは整うが、パレスサイドビルのようにあえて雨樋をファサードの主役とし、雨樋自体でリズミカルなファサードをつくることができる。

　圧迫感があり単調になりがちな大きな壁面に使用する例が多く、最近はコープ共済プラザのように壁面緑化も可能な鎖樋でファサードを構成する例もある。

　雨樋はあらわしのため内部への雨漏りの心配は小さいが、雨樋の数が多くなるため、メンテナンスデッキやバルコニーを設けるなど、劣化やゴミなどの詰まりのメンテナンスに配慮して設計する必要がある。また、メンテナンスデッキやバルコニーは日射のコントロールにも役立つ。

パレスサイドビル（日建設計　林昌二、1966 年）
安曇野市役所（内藤廣、2015 年）
コープ共済プラザ（日建設計、2016 年）
YKK80 ビル（日建設計、2015 年）

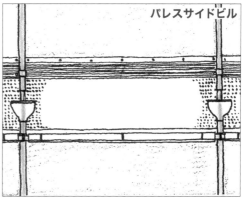

パレスサイドビル

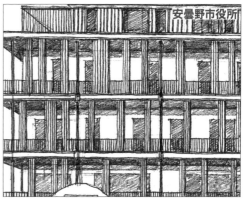

安曇野市役所

コープ共済プラザ

YKK80 ビル

かくす

"かくす"は雨樋を見せない手法である。ここでは大きく二つの手法について取り上げる。

一つは瞑想の森 市営斎場のように躯体自体に雨樋を打ち込む手法だ。構造の一部となる例も多く、設計において構造設計者との十分な打ち合わせが必要である。また漏水の問題が起こりやすいため、現場では施工方法の検討と監理が肝になる。定期的な高圧洗浄などの清掃計画を立て、施主に伝える必要もある。

もう一つはフォーラムビルディングやヌーヴェル赤羽台 11 号棟のように、仕上げの柱梁の中や後ろに樋を設ける手法だ。後ろに設ける場合は樋自体が見えているので問題ないが、中に設ける場合は軒樋と竪樋の接合部に点検口を設けるなど、メンテナンスを考える必要がある。

〈躯体〉
長沢浄水場（山田守、1957 年）
ジョンソン・ワックス社本社（フランク・ロイド・ライト、1936 年）
瞑想の森 市営斎場（伊東豊雄、2006 年）

〈仕上げ〉
国立博物館 東洋館（谷口吉郎、1968 年）
フォーラムビルディング（谷口吉生、2009 年）
ヌーヴェル赤羽台 11 号棟（遠藤剛生、2015 年）

長沢浄水場

ジョンソン・ワックス社本社

瞑想の森 市営斎場

国立博物館 東洋館

フォーラムビルディング

ヌーヴェル赤羽台 11 号棟

つなぐ

"つなぐ"は、深い庇やバルコニーの先端から地面までを竪樋でつなぎ雨を導く手法である。この手法は大きく二つに分けることができる。

一つは先端の軒樋や側溝から呼び樋で壁面の竪樋に接続する最も基本的な手法である。呼び樋をシンプルでスッキリとした形状としファサードを乱さない、金沢足軽資料館、栄光学園創立70周年事業新校舎などがある。これは、もっとも雨漏りの心配が少ない。

もう一つは先端の軒樋や側溝に呼び樋を設けないで竪樋を直接接続し、その竪樋を庇やバルコニーの先端付近に宙を走るように設けファサードの一部として見せる手法である。軒先から樋が垂直に配置された小出邸、横引き樋を打ち込みとし竪樋とのジョイントを全く見せないヌーヴェル赤羽台6・7号棟などがある。呼び樋などの曲がりがない分スッキリしたファサードとなるが、竪樋を支持する距離が長くなるため素材と支持方法の十分な検討が必要である。

〈呼び樋あり〉
海の博物館（内藤廣、1992年）
栄光学園創立70周年事業新校舎（日本設計・大成建設一級建築士事務所 設計共同体、2017年）
ヌーヴェル赤羽台11号棟（遠藤剛生、2015年）

〈呼び樋なし〉
東京工業大学70周年記念講堂（谷口吉郎、1958年）
小出邸（堀口捨巳、1925年）
ヌーヴェル赤羽台6・7号棟（山本堀アーキテクツ・みのべ建築設計事務所、2010年）

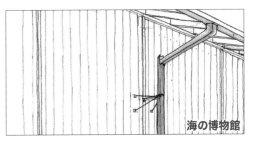

海の博物館

栄光学園創立70周年事業新校舎

ヌーヴェル赤羽台11号棟

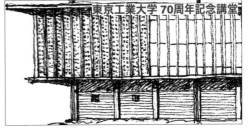

東京工業大学70周年記念講堂

小出邸

ヌーヴェル赤羽台6・7号棟

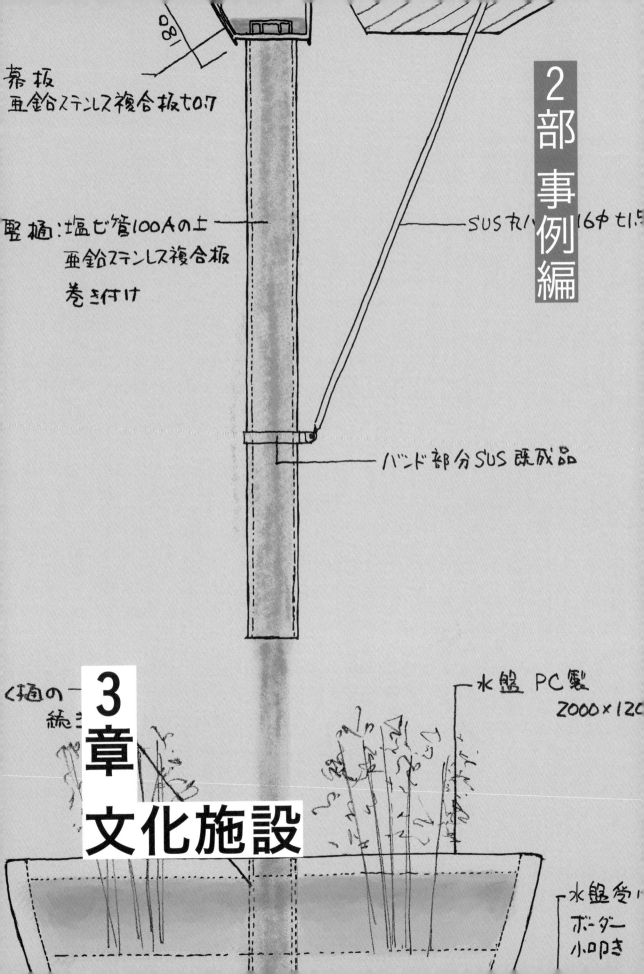

幕板
亜鉛ステンレス複合板 t0.7

竪樋：塩ビ管100Aの上
　亜鉛ステンレス複合板
　巻き付け

SUS丸パ 16φ t1.5

バンド部分SUS 既成品

く通の
　　統

3章
文化施設

水盤 PC製
2000×120

水盤受い
ボーダー
小叩き

01 八代市立博物館 未来の森ミュージアム

伊東豊雄、1991年

アーチ屋根の谷樋を活かした、ロート状の受け枡

うける

旧八代城主の松井家が所蔵する様々な美術品を中心にして、過去から現在に至るまでの八代地域の文化と歴史を紹介する博物館である。

敷地は八代城址近くの緑豊かな文教ゾーンの中心に位置し、メタリックな建物のシルエットと敷地に極力残された木々の緑が調和している。盛土により、アプローチから見ると建物が小高い丘に埋められたように見え、そのボリュームを抑えている。丘の上には、エントランスやカフェなどのオープンなスペースが、軽やかに連続した変形アーチのメタリックな屋根の下に広がっている。

軽やかなアーチの屋根を支える柱の様に見える樋。
屋根と分離したロート状の受け樋が屋根の軽やかさを強調している。

アプローチ側の軽やかさを損なわないように、アーチの谷樋で集められた雨は、アプローチの裏側に流れ竪樋に接続される。谷樋と竪樋が接続せず約160mm分離することで屋根がすっきりと軽快に見えるように工夫されている。雨は、跳ね出した屋根部分の谷樋に設けた吐水口から落ち、頂部がロート状になった竪樋が受け地面に導かれる。竪樋は165.2φのステンレス丸パイプ、ロート状の受け桝は上部が約600φ、高さが約360mmのステンレス製だ。

　建物裏側は人目にあまり触れないが、雨樋がキャピタルでアーチの屋根を支える柱のようで、連続アーチの軽快なファサードが実現された。

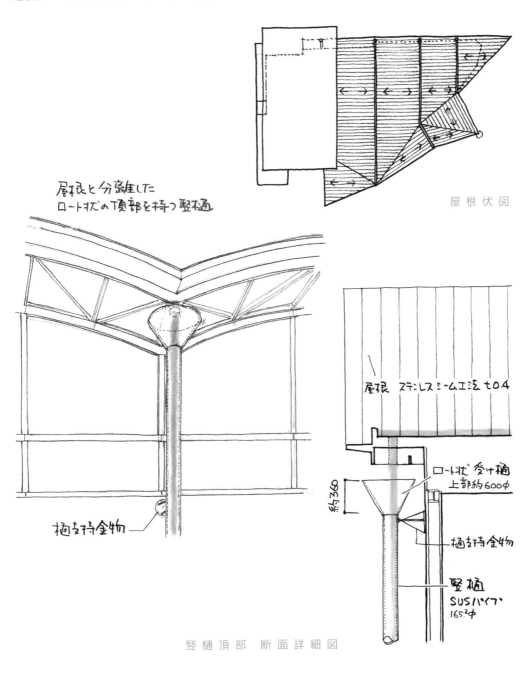

屋根伏図

屋根と分離した
ロート状の頂部を持つ竪樋

樋支持金物

約360

屋根　ステンレスシーム工法　t0.4

ロート状　受け樋
上部約600φ

樋支持金物

竪樋
SUSパイプ
165.2φ

竪樋頂部　断面詳細図

02 牧野富太郎記念館
内藤廣、1999年

大屋根を軽やかに見せる竪樋

　日本建築の一つの特徴は、庇が深い大屋根である。柱梁で構成された開放的な空間を、間戸＝窓で内外を仕切ってつくる。昔は建具が木と紙でできており、かつ外壁も板貼りや土壁などで雨に弱く、雨の多い日本では深い庇は重要な要素であった。現在でも、日射のコントロールや雨からの外壁保護の理由で庇が深い建物は多く、雨樋は軒先から外壁へと横引かれ竪樋へと接続される。この横引きが、大屋根の水平性や大らかさを台無しにする場合が多い。

　さて、この記念館は、植物学者で自然をこよなく愛した牧野富太郎の精神に呼応し、また高知市民に親しまれる五台山の景観にも配慮して、五台山の緩やかな尾根に添うように建っている。

　自然を囲み展示の場でもある中庭は、緩やかなカーブを描く深い庇によって内部と一体につくられた。連続して中庭を囲う軒先は、公共的な施設にしては高さは低く（約2.35m 前後）、住宅的なスケールで緩やかに上下している。フワッとした軽やかさや浮遊感がある。

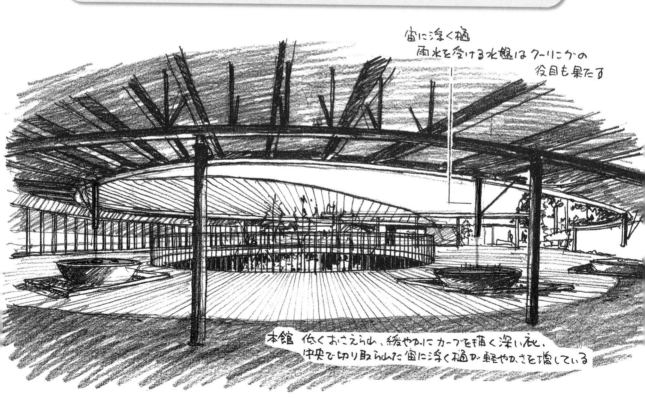

宙に浮く樋
雨水を受ける水盤はクーリングの
役目も果たす

本館　低くおさえられ、緩やかにカーブを描く深い庇。
中央で切り取られた宙に浮く樋が軽やかさを増している

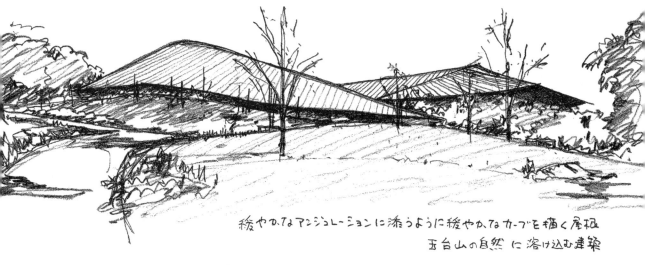

緩やかなアンジュレーションに添うように緩やかなカーブを描く屋根
玉台山の自然に溶け込む建築

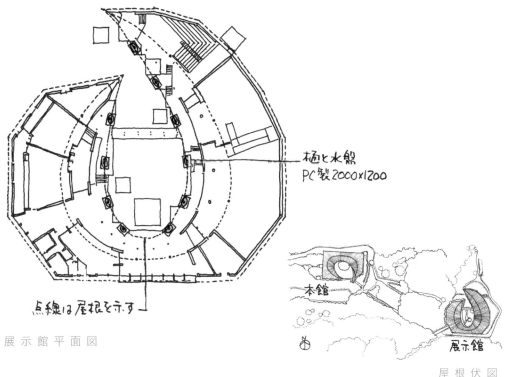

樋と水盤
PC製 2000×1200

点線は屋根を示す

展示館平面図

本館

展示館

屋根伏図

　軒先に取り付く竪樋が庇の軽やかさを強めている。塩ビ管100Aの上に亜鉛ステンレス複合板を巻き付けた竪樋は、中央付近で切り取られ宙に浮いているようだ。その下には雨水による自然の水盤（PC製、縦2,000mm×横1,200mm×高さ350mmの楕円形）があり、さまざまな種類の水棲植物が育つ。水棲植物を楽しめるとともに、雨の日は竪樋から落ちる雨と水盤の飛沫が視覚化される。水盤を通る風は冷やされ熱負荷を軽減するクーリングの役目を果たす。この竪樋は、展示館等で11箇所、本館で4箇所、約10m毎に設けられている。

　このような深い庇と雨樋のヒューマンなスケール感が、開放的でありながらも領域感がある落ち着いた場をつくり出している。

展示館

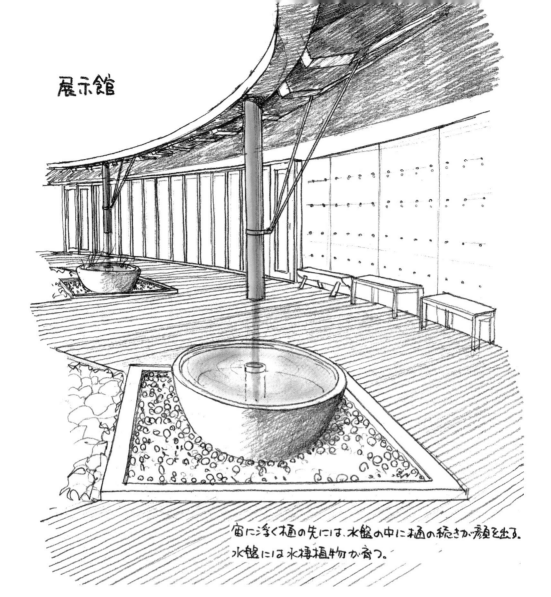

宙に浮く樋の先には、水盤の中に樋の続きが顔を出す。
水盤には水棲植物が育つ。

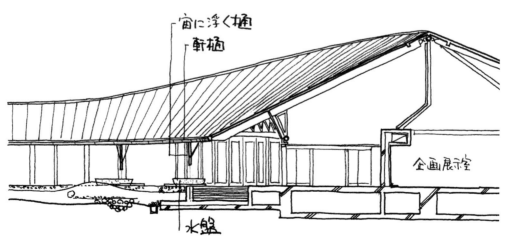

宙に浮く樋
軒樋

企画展示室

水盤

展示館断面図

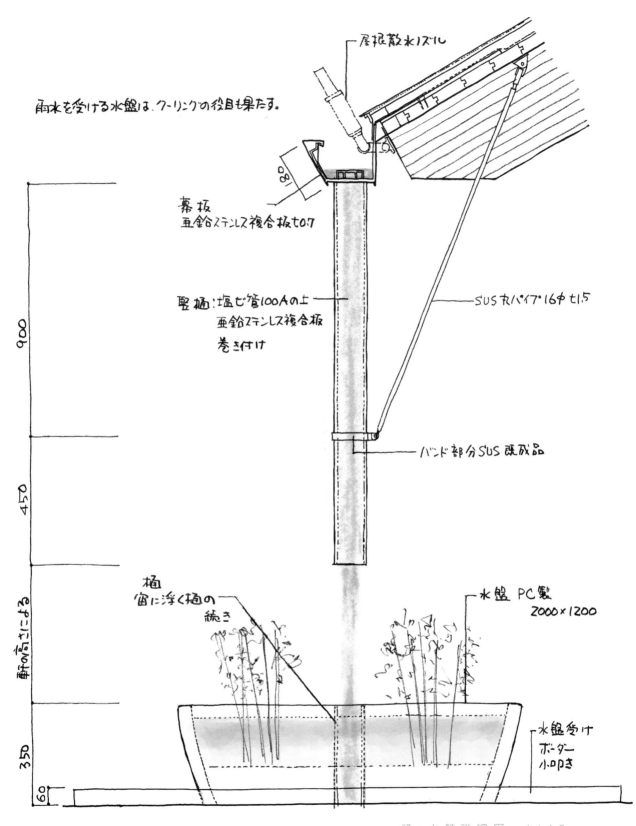

雨水を受ける水盤は、クーリングの役目も果たす。

屋根散水ノズル

幕板
亜鉛ステンレス複合板 t 0.7

竪樋：塩ビ管100Aの上
亜鉛ステンレス複合板
巻き付け

SUS丸パイプ 16φ t 1.5

バンド部分SUS既成品

樋
宙に浮く樋の
続き

水盤 PC製
2000×1200

水盤受け
ボーダー
小叩き

900

450

軒の高さによる

350

60

樋・水盤詳細図　1：12

3章　文化施設　　　29

03 下館市立図書館

三上清一＋益子一彦／
三上建築事務所、
1998 年

軽やかな列柱のような竪樋

みたてる

下部コンクリート支柱と
2階床レベルの支持金物で支えられたキャンティレバーの竪樋。
まるで深い庇を支える軽やかな列柱に見える。

　この図書館は1998年に「下館市立図書館」として開館した後、2000年には日本図書館協会建築賞を受賞し、市町村合併に伴い2005年に「筑西市立中央図書館」に改称している。老朽化による改築の際は、旧図書館の閉塞感を払拭するため、敷地の北東側を流れる勤行川と筑波山の豊かな自然景観を取り込むように、中心の開架書架と閲覧スペースは川と山に向かってつくられた。

　屋根はガルバリウム鋼板、壁は上部がガラススクリーン、コンクリートのボーダーと金属の庇を挟み、下部はレンガが使われている。安定感と軽快さがうまく共存されているファサードだ。薄い屋根と、細い竪樋が軽快さを助長する。竪樋は頂部がロート状で、下部のコンクリート支柱と2階レベルのアルミV型金物により、壁面から距離をとってキャンティレバー形式で独立して軒先に立っている。また計8本が等間隔に配され、軽やかで水平に伸びる屋根を支える細い柱のように並ぶ。この竪樋と曲線のコンクリートの腰壁が屋外読書スペースの領域をつくり、竪樋自体がファサードの一部になっている。

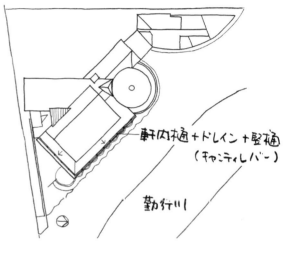

軒内樋＋ドレイン＋竪樋
（キャンティレバー）

勤行川

屋根伏図

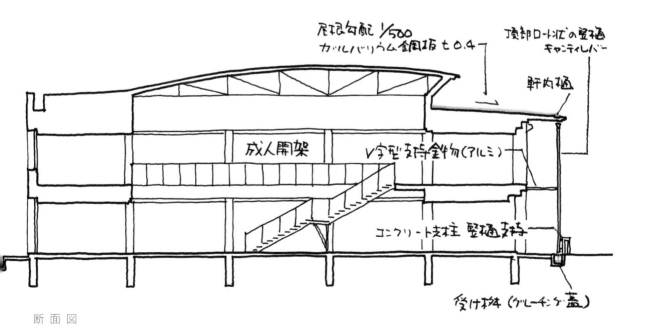

屋根勾配 1/500
ガルバリウム鋼鈑 t 0.4

頂部ロート状の竪樋
キャンティレバー

軒内樋

成人開架

V字型支持金物（アルミ）

コンクリート支柱 竪樋支持

受け桝（グレーチング蓋）

断面図

04 葛西臨海水族園

谷口吉生、1989 年

ガラススクリーンの一部として建物に溶け込む雨樋

みたてる

　建築家・谷口吉生の作品はミニマリズムで無駄がなく、形態そのものが洗練されている。究極に研ぎ澄まされたプロポーションと巧みで軽快な構成は、現代の数奇屋のようだ。見え方が追求された建築にはあからさまな樋はない。

　葛西臨海公園駅を出て、葛西臨海公園展望広場レストハウス（谷口吉生、1995 年）を横目に見て進むと、ガラスのドームが見えてくる。正方形のゲート広場から階段を上りプロムナードを進むと、海に向かって一気に視界が開く。この劇的な演出の中、限りなく広がる水平線をバックに、宙に浮いたような八角形のガラスドームが迎えてくれる。

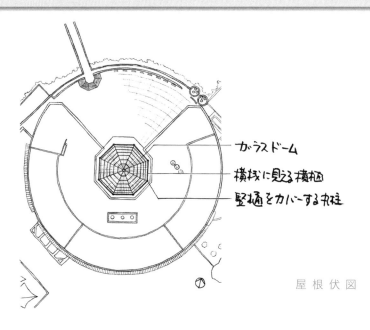

ガラスドーム
横桟に見る横樋
竪樋をカバーする丸柱

屋根伏図

太いアルミ丸柱の上に
宙に浮いた様に乗る
八角形のがうスドーム

ガラススクリーンの最下部の横桟と縦桟の様な
横樋と竪樋

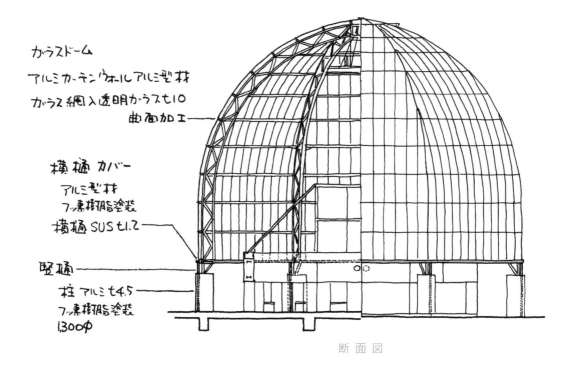

カ゛ラスト゛ーム

アルミカーテンウォール アルミ型材

カ゛ラス網入透明カ゛ラスt10

曲面加工

横樋カバー

アルミ型材
フッ素樹脂塗装

横樋 SUS t1.2

竪樋

柱 アルミ t4.5
フッ素樹脂塗装
1,300φ

断面図

　トラス構造の軽快なガラスドームは、足元の太いアルミ丸柱の上にちょこんと乗っている。このプロポーションの差が軽快さと安定感を生み出している。雨はガラスドームに沿って流れ落ちるが、それを受ける樋は全く見られない。ドームを覆うガラススクリーンには、等間隔でガラスを受ける横桟がある。また同様に、ガラスの最下部にも横桟があり、この横桟は上の横桟より太い。

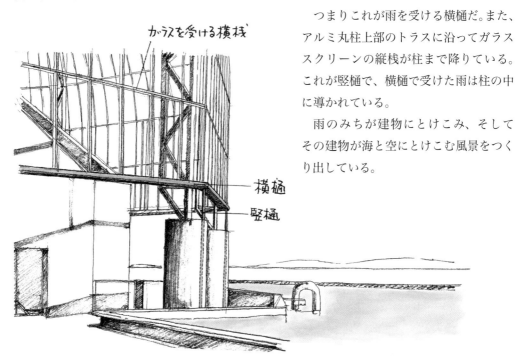

カ゛ラスを受ける横桟

横樋

竪樋

　つまりこれが雨を受ける横樋だ。また、アルミ丸柱上部のトラスに沿ってガラススクリーンの縦桟が柱まで降りている。これが竪樋で、横樋で受けた雨は柱の中に導かれている。

　雨のみちが建物にとけこみ、そしてその建物が海と空にとけこむ風景をつくり出している。

05 群馬音楽センター

アントニン・レーモンド、1961 年

折板構造を活かした開放樋

そわす

群馬交響楽団の本拠地として建設された群馬音楽センターは、音楽ホールとして必要な最大 60m スパンの無柱空間を五角形の門型に組んだ RC 造折板構造で、どこから見てもダイナミックな建築として実現されている。一方で、大きなホールの屋根に降る大量の雨の処理は大変だ。この建築ではどのように解決しているのだろうか。

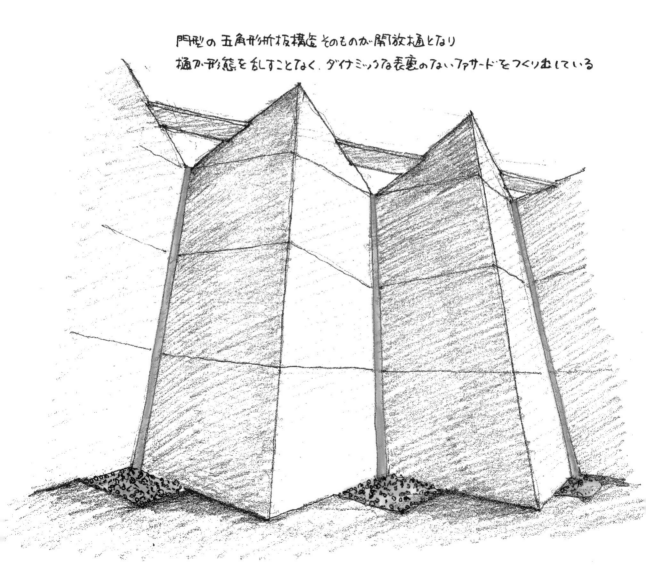

門型の五角形折板構造 そのものが開放樋となり
樋が形態を乱すことなく、ダイナミックな表裏のないファサードをつくりだしている

34　　　2 部　事例編

この建物では、門型の五角形の折板構造がその役目を果たす。屋根に降った大量の雨は、屋根面から壁面に連続する折板の五角形の谷部分に沿って流れる。折板自体が大きな開放樋となり、足元の砂利敷の地面に導かれる。まさに構造そのものが樋となり、どこから見てもダイナミックで裏のないファサードがつくり出されている。

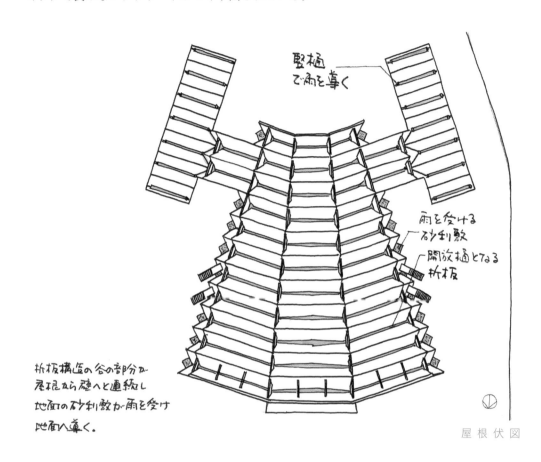

竪樋
で雨を導く

雨を受ける
砂利敷

開放樋となる
折板

折板構造の谷の部分が
屋根から壁へと連続し
地面の砂利敷が雨を受け
地面へ導く。

屋 根 伏 図

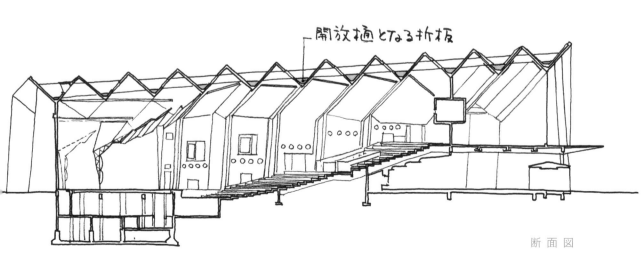

開放樋となる折板

断 面 図

06 市村記念体育館

坂倉準三、1963 年

バットレスのダイナミックな樋

そわす

バレーボール、バスケットボールの体育館としての利用の他、演劇や展示会などホールとしても利用される多目的施設だ。大スパン（約 51m × 57m）の無柱空間を実現するため、瓶の王冠のようなギザギザのある特異な形態をした RC 造の折板構造の外壁と、鞍形の HP シェル（双曲放物面シェル）の吊り屋根で構成されている。

吊り屋根は南北方向に凹型、東西方向に凸型でむくりを持ちながら、楕円の両端に向かって下がり、屋根外周の最下部ができる。屋根に集められた大量の雨はこの中央両端の最下部に向かって流れる。

HPシェルの大屋根の雨を導く
ダイナミックな開放樋

RC造の折板構造の壁で支えられた鞍形のHPシェルの屋根の雨は、
構造でもあるバットレスの開放樋で地面に導びかれる。

雨を地面に導く樋がおもしろい。中央両端から地面に向かって斜めに突き出たバットレスの役目を果たす梁がある。これがまるで滑り台のようにダイナミックな開放型の雨樋として、大量の雨を受け止め流し大きな円形の桝を通して地面に導く。このように構造を利用した樋、外壁の折板、そして吊り屋根が相まって、雨樋を兼ねた構造自体がダイナミックなファサードをつくり出している。

なお、大きな屋根や開放樋には当然ゴミが溜まるが、一旦雨が降れば大量の雨がゴミを洗い流す。円形の桝は、そのゴミを受ける役目を果たしているとも言え、ゴミを取るのも簡単な理にかなったデザインである。

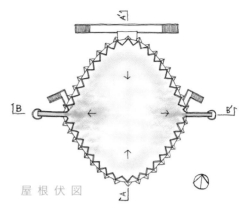

屋根伏図

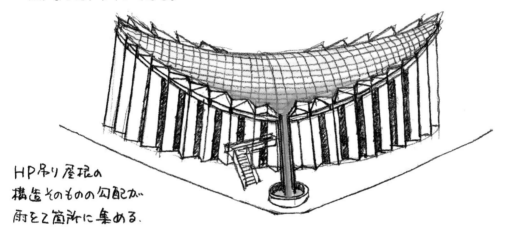

HP吊り屋根の
構造そのものの勾配が
雨を2箇所に集める.

鞍形HPシェル吊り屋根

A-A'断面図

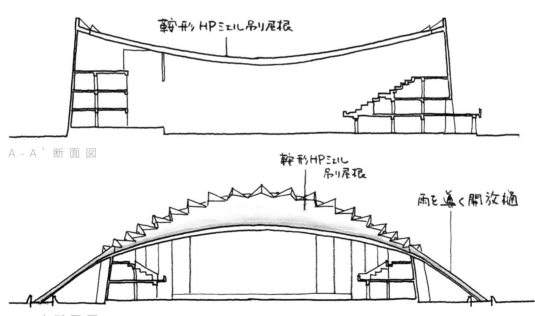

鞍形HPシェル
吊り屋根

雨を導く開放樋

B-B'断面図

07 森の学校 キョロロ

手塚貴晴＋手塚由比、2003 年

時とともに変化するファサードをつくる雨筋

そわす

蛇が頭をもたげたような特異な建物が、周辺の森と調和し建っている。「キョロロ」と名付けられたこの建物は、冬は約 2t にもなる雪で埋まってしまう豪雪地、新潟県十日町市の山中に建てられた。この積雪荷重に耐えるように、外壁は耐候性鋼板の全溶接でできている。全てが鉄板のため、この建物は生き物のように夏と冬で約 20cm 伸び縮みするそうだ。

積雪時の荷重を考え、開口部には水族館に使われるアクリル板が使用され、建物全体に突起物がないフラットサーフェイスでできている。この蛇のような建物しかり、雪国の建物には、そもそも雪で壊れるため樋がついていないことが多い。理にかなった形態である。

全溶接の耐候性鋼板が特異な形態をつくり
建物自体が雨を導き縞模様のファサードを生む

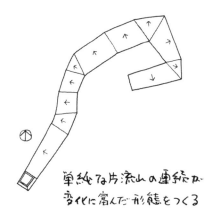

単純な片流れの連続な
変化に富んだ形態をつくる

屋 根 伏 図

片流れの先端は 20mm の屋根鋼板を勝たせて水切り
としているが、降った雨は屋根から壁面に伝わって地
面に導かれる。これにより埃は雨に洗い流される。ま
た、耐候性鋼板自体が時とともに変化するため、樋が
ないことで生じる雨筋も気にならない。降った雨は鋼
板に雨筋を描き、時とともに変化する深みを帯びた茶
色の縞模様の、落ち着いたファサードを生み出してい
る。建物自体が雨を導くデザインである。

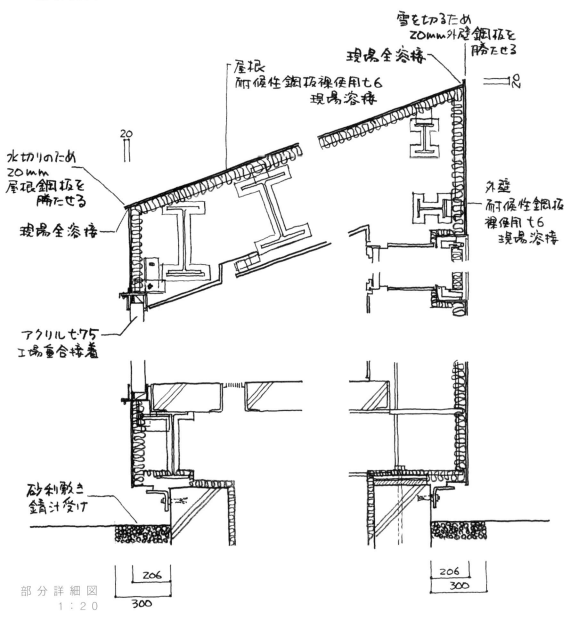

雪を切るため
20mm外壁鋼板を
勝たせる

現場全溶接

屋根
耐候性鋼板裸使用t6
現場溶接

20

水切りのため
20mm
屋根鋼板を
勝たせる

現場全溶接

外壁
耐候性鋼板
裸使用t6
現場溶接

アクリルt75
工場重合接着

砂利敷き
錆汁受け

206
300

206
300

部 分 詳 細 図
1 : 20

08 国立博物館 東洋館

谷口吉郎、1968年

内勾配の屋根により柱にかくされた樋

かくす

戦後、近代建築が興隆する時代に、日本的な水平庇の美しさを追及したのが建築家・谷口吉郎だ。

彼が手がけた国立博物館 東洋館は、RC造だが、勾欄付きバルコニー（縁側）・柱梁、そして水平の軒と、木造建築の構成でファサードがつくられている。遠景であれば大屋根のシルエットが見えるが、近景では水平の軒先のみが感じられる。そのため軒先の処理はとても重要で、雨の処理がその繊細さに直結する。

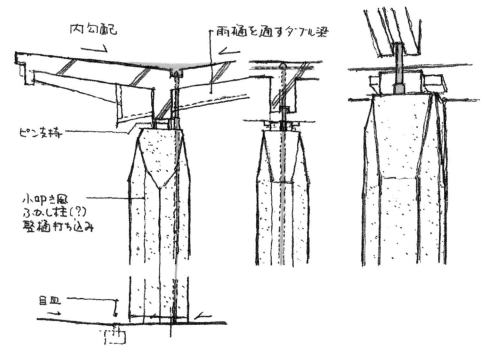

内勾配　雨樋を通すダブル梁

ピン支持

小叩き風
ふかし柱（?）
竪樋打ち込み

目皿

列柱と勾欄付バルコニー、そして水平に延びる軒先のラインが大屋根を連想させる。樋は脆萩さん見えない。

ここでは、内勾配というシンプルな発想により雨を内側に導き、登り梁をダブルとして竪樋を間に通し柱の中に隠蔽させ、雨樋が軒先にでないシャープな水平性を実現した。また、軒を支える桁は柱頭でピン支持されている。そうすることで庇自体が柱の上に浮いたように見える。重厚でありながらも軽快な水平性が強調されたファサードである。

　ただ、内勾配は雨水を室内側に呼び込むため敬遠されやすい。特に住宅のバルコニーでは、勾配の先が室内のため、禁じ手である。東洋館の内勾配は、フラットルーフではなくしっかりとした勾配をもった屋根の組み合わせであり、谷樋自体も室内から外れた位置にあるため漏水のリスクは少ない。ゴミなどの詰まりのメンテナンスをしっかりすれば問題ない手法である。

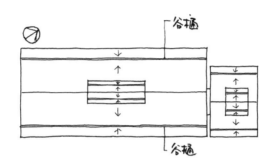

屋 根 伏 図

内勾配という単純な手法で、軒先に樋を出さずすっきりとした軒の水平性と実現している

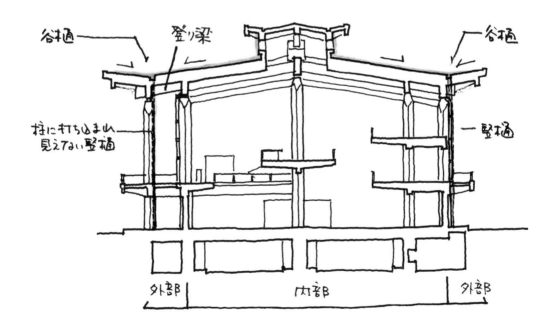

断 面 図

09 海の博物館
内藤廣、1992 年

切妻屋根のシャープさを阻害しない呼び樋と竪樋 | つなぐ

水盤を挟んで建つ、庇が深い切妻屋根の 2 棟の大きな展示棟が迎えてくれる。木造で、外壁は黒く塗装された杉板貼りだ。足元 1.5m は柱の外側に約 200mm 張り出して、内外面一でガラススクリーンを設けている。このガラススクリーンが重くなりがちなシンプルな形態を軽やかに見せるとともに、内外の連続性をつくり明るく気持ち良い展示室にしている。

通常このような深い庇の屋根と外壁に雨樋をつける場合、竪樋は外壁から 50mm 程度離して取り付けるが、張り出したガラススクリーンの上部で竪樋に曲がりがでてみっともないことになる。海の博物館では、直径 130mm のアルミパイプを地中でスラブに固定し、張り出し部分で曲がりが出ないように外壁から約 320mm 持ち出して、独立した柱のような竪樋が設けられた。呼び樋は矩形で竪樋は丸形なので、矩形から丸への接続は綺麗に納まりにくいが、竪樋上部を欠き込み、呼び樋を差し込むだけのシンプルなディテールで解決している。また、竪樋を妻面から外した位置に設け、庇の両端をスッキリ見せている。これらの雨を導くデザインが、シャープで軽快な切妻屋根を実現させた。

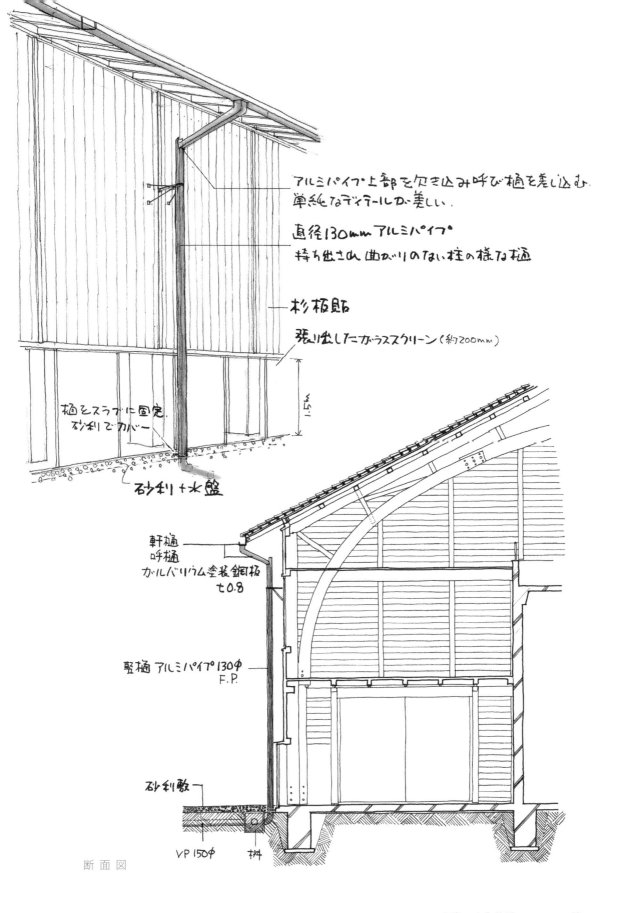

アルミパイプ上部を欠き込み呼び樋を差し込む.
単純なディテールが美しい.

直径130mm アルミパイプ
持ち出され曲がりのない柱の様な樋

杉板貼

張り出したガラススクリーン（約200mm）

樋をスラブに固定.
砂利でカバー

砂利＋水盤

軒樋
呼樋
ガルバリウム塗装鋼板
t0.8

竪樋 アルミパイプ130φ
F.P.

砂利敷

VP 150φ   桝

断面図

10 鈴木大拙館

谷口吉生、2011 年

きる
そわす

宝形屋根から滴る雨を視覚化する鎖樋・開放樋

　立ち姿が美しい建築である。

　金沢出身の仏教哲学者、鈴木大拙の考えを展示する空間と、来館者が静かに思索する空間からなる文化施設だ。後者の空間は、水盤に浮かぶような白いキューブで、深い庇を持つ。屋根は頂部にトップライトがあり、限りなく水平に近い宝形で、軒先は限りなく薄く仕上げられている。この屋根の軽やかさは、屋根と一体となった内樋と呼び樋が必要ない鎖樋と垂れ流しの開放樋によって、実現されている。きわめて細い鎖は、太陽光によりきらめく光の帯となり、雨の日は鎖を伝わる雨水がファサードの一部となる。雨上がりには、開放樋から落ちる雨の滴が水盤に美しい波紋を描く。

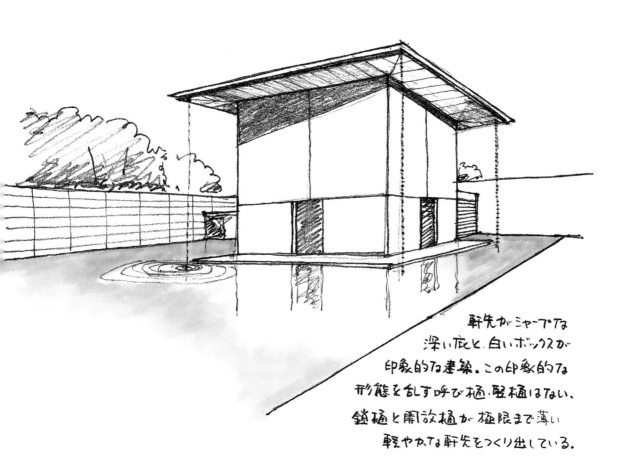

軒先がシャープな
深い庇と、白いボックスが
印象的な建築。この印象的な
形態を乱す呼び樋・竪樋はない。
鎖樋と開放樋が極限まで薄い
軽やかな軒先をつくり出している。

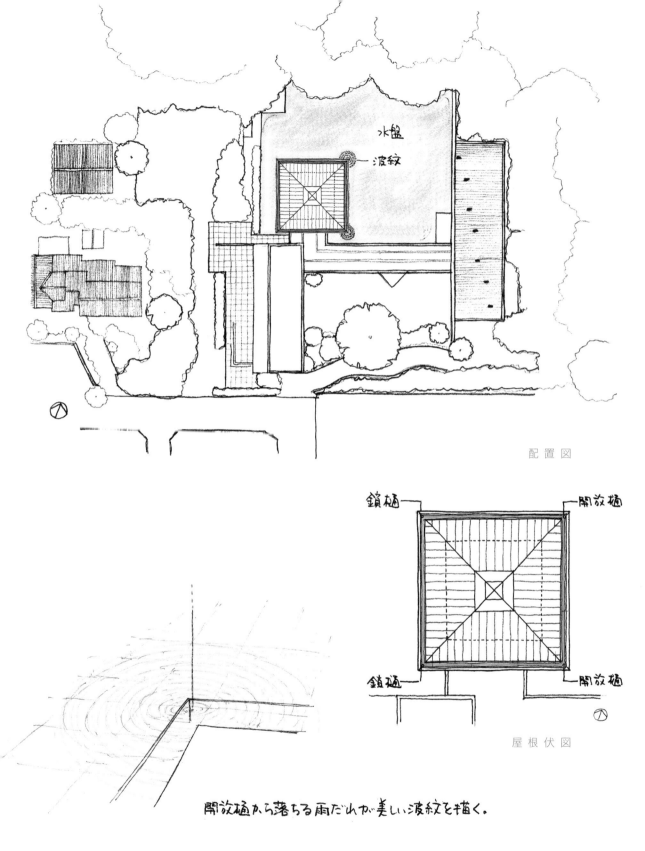

水盤

波紋

鎖樋　　　　　　　　開放樋

鎖樋　　　　　　　　開放樋

開放樋から落ちる雨だれが美しい波紋を描く。

ここでは、同じ屋根で鎖・開放樋の二つの手法が使われている。これは推測であるが、落ち着いた雰囲気の展示室から外に出て、はじめに目に入る水盤に浮かんだような白いキューブの第一印象を鮮明にするために、鎖樋すら消したのではないだろうか。一方で、その裏側には鎖樋がついている。

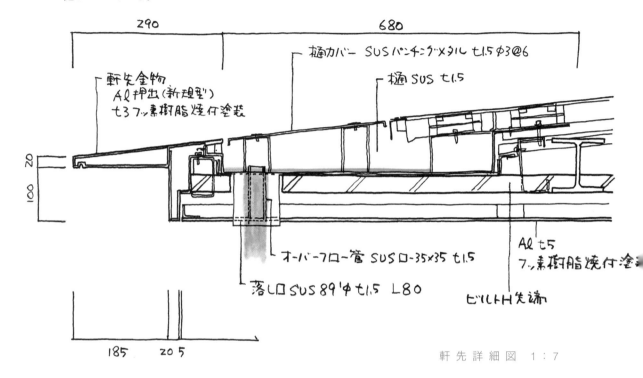

軒先詳細図　1：7

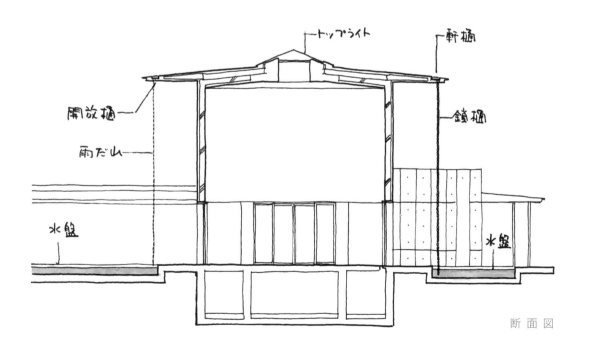

断面図

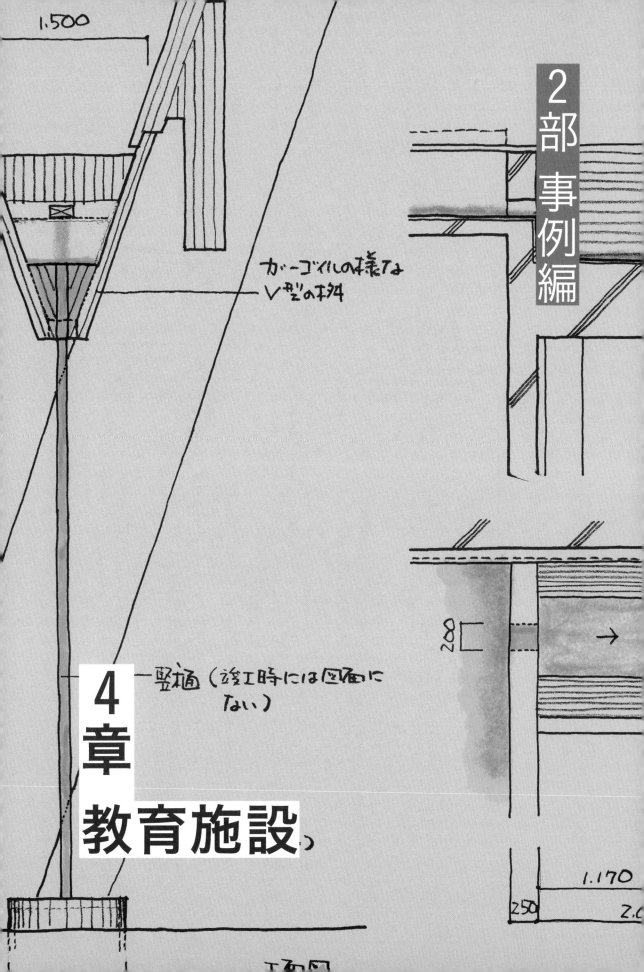

1.500

ガーゴイルの様な
V型の材料

200

→

竪樋（竣工時には図面に
ない）

4章
教育施設

1.170

250

2.0

平面図

01 愛知県立藝術大学講義棟

吉村順三、1966 年

跳ね出した建物に走る曲がりのない竪樋

うける

名古屋市郊外の丘陵地に建つこの校舎は、広大で豊かな緑地環境を生かしつつ地形に寄り添うように分散配置されている。その南北の中心軸に講義棟はある。打ち放しコンクリートの十字形柱で、講義室を跳ね出しながら持ち上げピロティとし、学生たちが回遊しやすくしている。

宙を走る樋とそれを受ける煉瓦の受け皿がピロティの軽やかさをつくり出している

宙を走る樋と流れ落ちる雨もファサードの一部をつくっている

上部が跳ね出した建物の雨の処理は難しい。竪樋は跳ね出しに沿って曲げられ、ファサードを乱すことが多い。一方ここでは、竪樋はピロティに高さを揃えて中2階位の位置で切られ宙に浮き、雨はその下にある煉瓦の受け皿に落ちるようになっている。煉瓦の受け皿はちょうどベンチほどの高さがあるが、地面と同じ煉瓦のため違和感が全くない。曲がりのない真っ直ぐな竪樋は、講義室の縦ルーバー、軽やかなピロティ、十字形柱と相まって建物の垂直性を強め、竪樋から落ちてくる雨のラインさえもファサードの一部のようである。

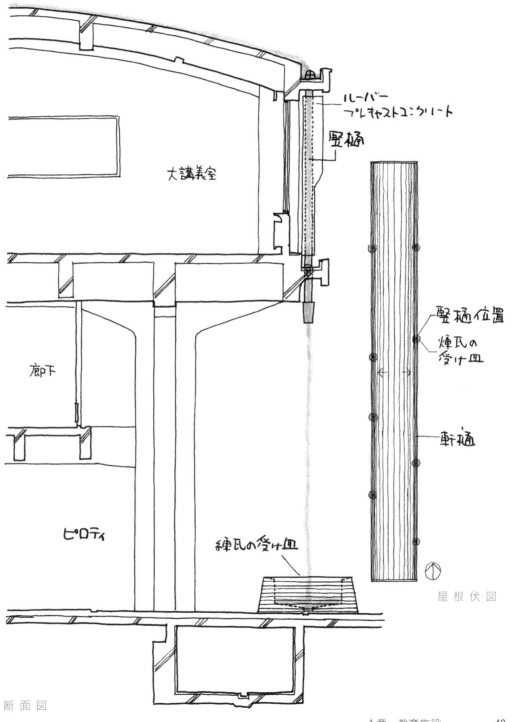

ルーバー
プレキャストコンクリート

竪樋

大講義室

竪樋位置

煉瓦の
受け皿

軒樋

廊下

屋根伏図

ピロティ

煉瓦の受け皿

断面図

7号館 コロネード
竪樋＋L型コンクリート支持

キャンパス中心に初期に建設された1号館から7号館は、中庭に面した1階部分がピロティ状のコロネードで繋がっている。コロネードは雨の日の移動に役立っているとともに、中庭に内部のアクティビティを表出させ、にぎわいをつくり出す。跳ね出した建物を支えるコロネードの列柱は、アイレベルでのリズミカルな景観になる。樋を柱から独立させることで列柱の美しさを強調している。さらに、桝を組み合わすことで、足元の洗浄という役割に加えて樋の強度向上と衝突の危険防止となっている。

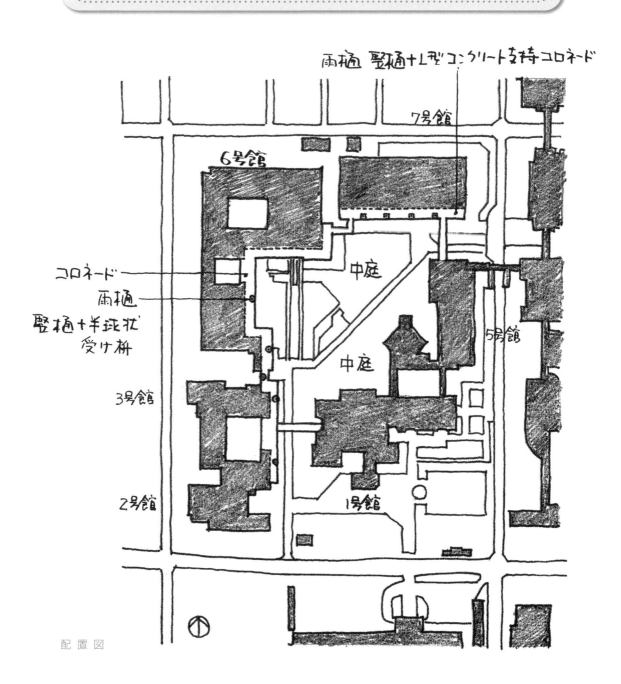

配置図

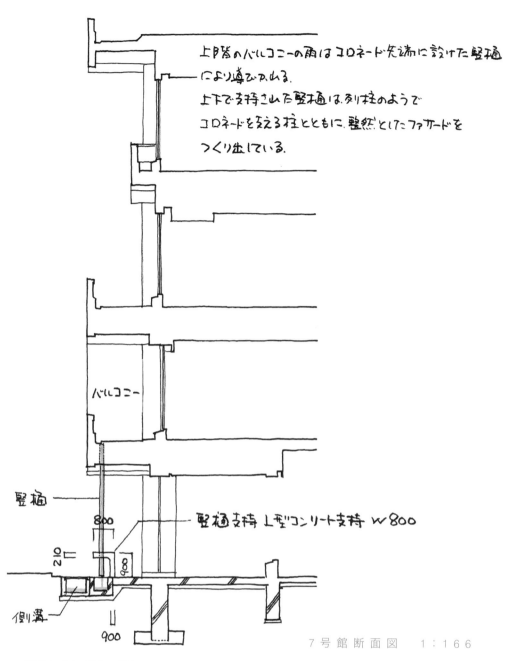

上階のバルコニーの雨はコロネード先端に設けた竪樋
により導びかれる。
上下で支持された竪樋は、列柱のようで
コロネードを支える柱とともに、整然としたファサードを
つくり出している。

バルコニー

竪樋

800

210

竪樋支持 L型コンリート支持 w800

側溝

900

7号館断面図　1：166

　2階跳ね出し部分は外部テラスになっている。テラスの水勾配は素直に先端に向かっていて、テラスの雨水は2種類の曲がりのないまっすぐな竪樋により導かれる。なぜ2種類あるのかは、以下の理由が考えられるだろう。

　まず、7号館は中庭に向けて建物の正面を構えている。そのため、柱間に4スパン毎に設置された竪樋は、下部をL型のコンクリートで支持され、コンクリートの列柱とともに整然としたファサードをつくっている。また、どっしりとした外観に軽快感を加えている。それに対して2・3・6号館は建物が雁行していて、シークエンスが度々変化する。中央付近で切り取られた竪樋と、巨大なお猪口のような半球状のコンクリートの受け桝が、単調になりがちなコロネードの景観にアクセントを加えている。

途中で切られた竪樋と水盤は、牧野富太郎記念館、愛知県立藝術大学講義棟にも使われている手法だ。それぞれ、コロネードのファサードを整える、深い庇の軒先を整える、キャンティレバーのピロティを整えるなどと、目的が異なり、様々な目的に使用できる。

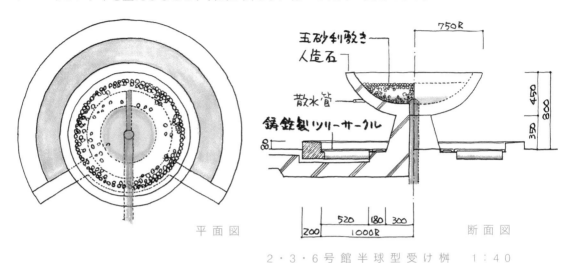

平面図　　　　　　　　　　　　　　　断面図

2・3・6号館半球型受け桝　1:40

上階バルコニーの雨は宙を走る本樋で開放され
お猪口の様な受け桝に導びかれる。
コロネードの形態を乱すことなく
コロネードの景観のアクセントになっている。

6号館コロネード
竪樋＋半球形受け枡

散水管（足洗い用）

03 ふじようちえん
手塚貴晴＋手塚由比、2007 年

大雨でも適切に流す、空間をつなげるガーゴイル

きる

> 緑に囲まれた環境の中、中心の広い楕円形の園庭に全ての保育室が面した平屋建てのドーナツ型の幼稚園だ。中庭側には、子供たちのスケールに合わせて低く抑えられた軒がまわっている。既存のケヤキの大木を活かすため坪庭にし、まわりのネットで安全を確保、屋根にはデッキが敷かれ子供たちの天空の遊び場になっている。

楕円形の伸びやかな軒のラインが中庭をつくる.
伸びやかな軒のラインをもみす樋はない.
ガーゴイルが雨を導き雨の流れを視覚化する.

デッキの手摺は軒先から約40cm内側に設けられ、屋根の先端が建築化された軒樋となっている。先端は20cmと薄く、内部天井と軒天は同面で連続し、伸びやかな軒のラインをつくる。軒下には、幅約2m全長約160mの半屋外の領域があるが、内外を繋ぐ妨げになる竪樋はない。コの字のステンレスとベロのような樹脂でつくられたガーゴイルで軒樋から雨水をスムーズに流し、その下では900φの土管を利用した円形の桝が、砂利と一緒に雨を受ける。軒の長さ全長約160mに対して、コの字のガーゴイルは5箇所と少ない。そのため樋は屋根への雨量を想定して、巾約300mm×高さ約140mmと大きく、雨の日は滝のように流れる。

　街を歩いていても雨の流れはほとんど見えないため、豪雨が建物に及ぼす恐ろしさを子供たちは知りにくい。豪雨が当たり前になった今、大量の雨が屋根から流れるのがわかる教育的効果も兼ねた、幼稚園らしい遊び心満載のデザインである。

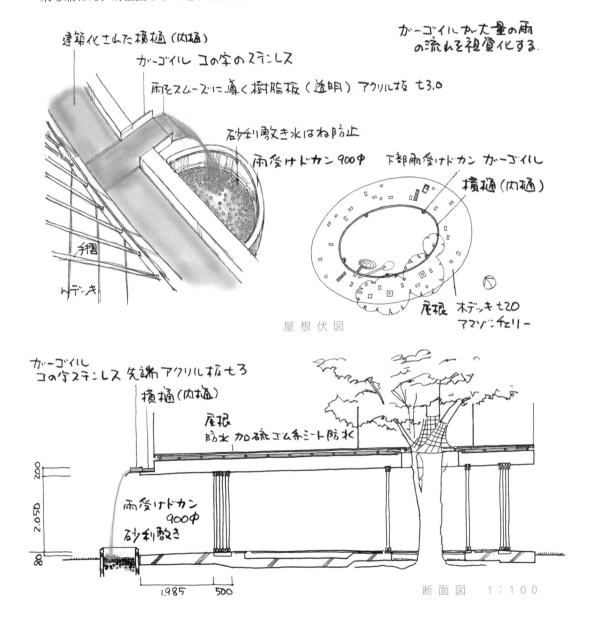

屋根伏図

断面図　1:100

04 栄光学園創立70周年事業新校舎

日本設計・大成建設一級建築士事務所 設計共同体、2017年

丁寧に接続された内樋・桝・呼び樋・竪樋

つなぐ

築50年を超えるRC造3階建ての建て替えである。10万m²の広大な敷地を生かし、豊かな自然と調和するように南面した2階建てのリニアな校舎が、中庭を介して2棟並んだ配置だ。校庭に面した普通教室棟は、最大限の自然通風・自然採光が得られるようにほぼ天井まで掃き出しのハイサッシとなっている。片流れの木造の屋根が日射をコントロールして教室を優しく包む。

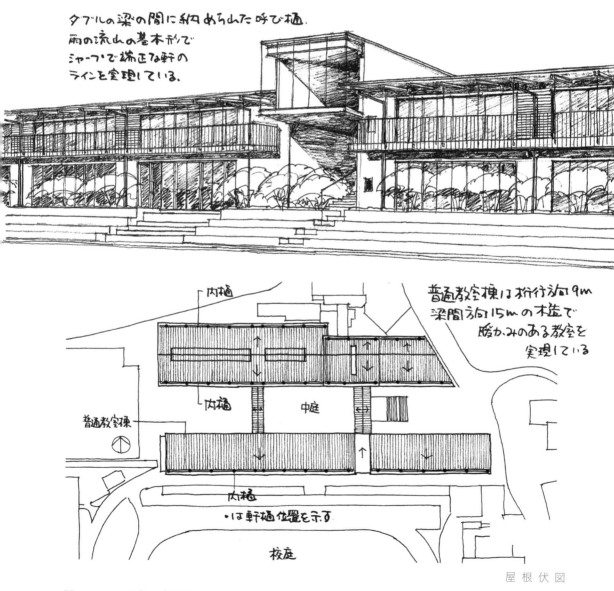

ダブルの梁の間に納められた呼び樋。
雨の流れの基本形で
シャープで端正な軒の
ラインを実現している。

普通教室棟は桁行方向9m
梁間方向15mの木造で
暖かみのある教室を
実現している

内樋

内樋

普通教室棟

中庭

内樋

・は軒樋位置を示す

校庭

屋 根 伏 図

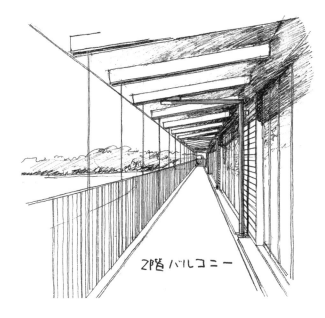

2階バルコニー

水平力は2階までのRC造で負担し、一般流通材（集成材）でスパン9m、全長15mの木造架構を実現している。1,800mmピッチで設けられた梁はヒノキ集成材105mm×330mmをダブルとし、軒先は上端をカットし内樋を設けている。ダブル梁の隙間（90mm）に張力を担う鋼製ロッド、屋根通気口そして雨樋が集約された。軒先の内樋から隙間に設けた箱状の受け桝とそこに接続された呼び樋、そして留め加工された竪樋で雨を導く。一般的には、桝・呼び樋・竪樋はアールのエルボで接続されシャープさに欠けてしまうが、構造と一体でアールのないシンプルな樋の納まりは、シャープな軒先を邪魔することなく、木の温かみのある端正なファサードを実現している。雨の処理の基本である"つなぐ"を丁寧にデザインした好例である。

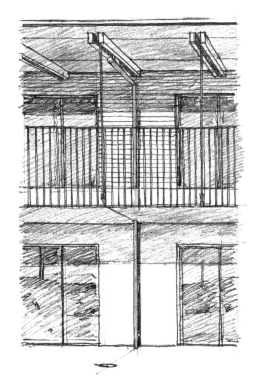

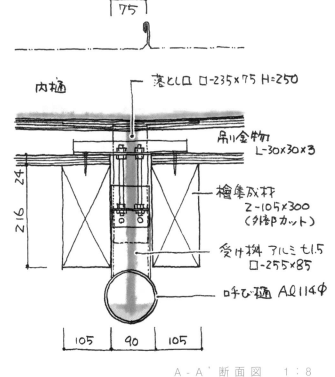

内樋

落とし口 ロ-235×75 H=250

吊り金物 L-30×30×3

檜集成材 2-105×300 （外部Pカット）

受け桝 アルミ t1.5 ロ-255×85

呼び樋 Aℓ114φ

216 24

105　90　105

75

A-A'断面図　1:8

ダブル梁の間に納まる箱型の受け桝。
その下の呼び樋は止め加工された同寸の竪樋へと接続される。
アールのないシャープな樋は木の集成材の連続する軒下をもしすことなく
温かみのあるバルコニーをつくり出している。

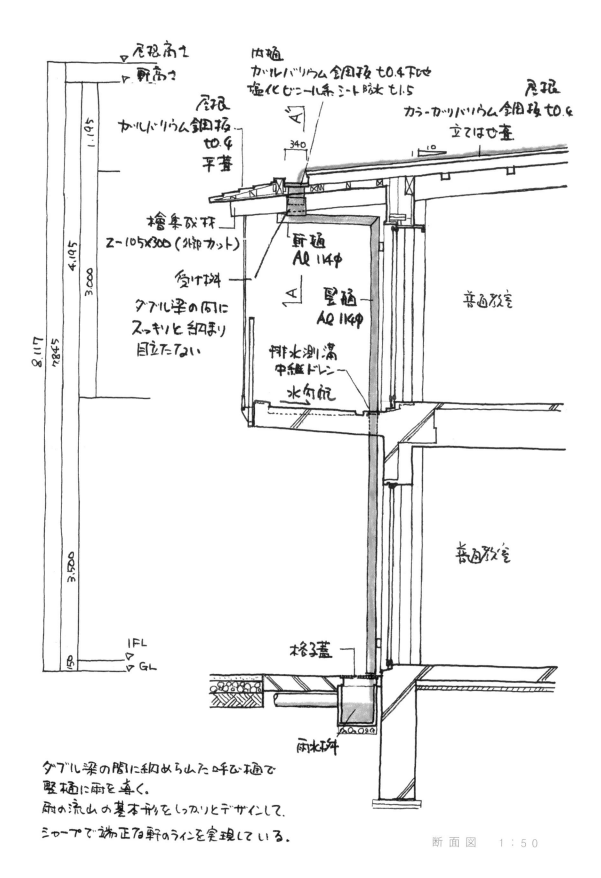

屋根高さ
軒高さ

内樋
ガルバリウム鋼板 t0.4下地
塩化ビニール系シート防水 t1.5

屋根
ガルバリウム鋼板
t0.4
平葺

屋根
カラーガルバリウム鋼板 t0.6
立てはぜ葺

檜集成材
Z-105×300 (外側カット)

軒樋
Aℓ114φ

受け材
ダブル梁の間に
スッキリと納まり
目立たない

竪樋
Aℓ114φ

普通教室

排水側溝
中継ドレン

水勾配

普通教室

格子蓋

1FL
GL

雨水桝
Aℓ80φ

8.117
7.845
4.195
3.000
3.500

1.195

340

1°

ダブル梁の間に納められた呼び樋で
竪樋に雨を導く。
雨の流出の基本形をしっかりとデザインして、
シャープで端正な軒のラインを実現している。

断面図　1：50

05 千葉大学ゐのはな記念講堂
槇文彦、1963 年

建物の荘厳さを強調する V 型桝　うける

　千葉大学医学部 85 周年を記念して建てられ、緑豊かなキャンパスの小高い丘に立ち「鎮守の森の社」をイメージコンセプトとした台形のファサードをもつ。鋼板屋根に覆われた、杉板本実型枠のコンクリート打放しによる梯型架構が広場に向かって立ち、力強く開放的な印象を与える。

伊勢神宮の切妻御は軒桁が延びて屋根を支える。
この講堂の台形屋根も軒桁のように延びる V型が支えているように見える。
このV型が低層部の雨を受ける桝であり軒桁を支える柱のような竪樋で水盤に導びかれる

風除室の雨を流す V型のガーゴイルのような桝。
雨は桝から水盤に落ち視覚化される.

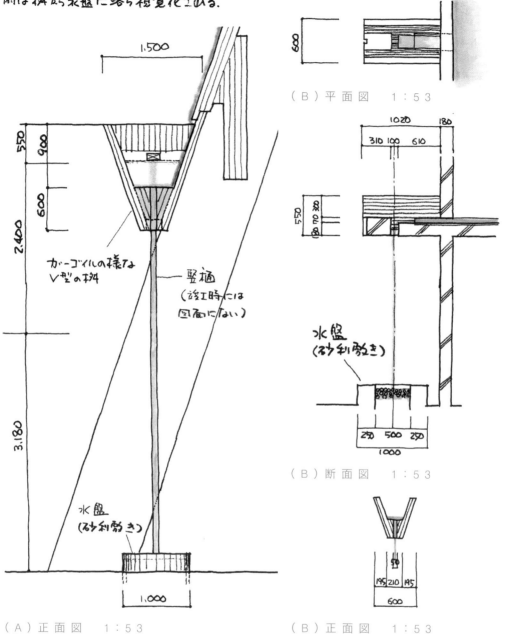

1,500

550
900

600

2,400

ガーゴイルの様な
V型の桝

竪桶
（竣工時には
図面にない）

3,180

水盤
（砂利敷き）

1,000

（A）正面図　1：53

600

（B）平面図　1：53

1020　　180
310 100　610

550

水盤
（砂利敷き）

250　500　250
1000

（B）断面図　1：53

50
195 210 195
600

（B）正面図　1：53

　梯型架構の両端低層部に流れる雨は、建物正面両端のガーゴイルのように飛び出したV型の桝（A）から、垂直に伸びる金属の樋で下部のコンクリート製1,000φの水盤に導かれる。樋はシンメトリーに配置され、建物を荘厳にみせる。前面にダイナミックに突き出す風除室に降った雨は、V型の桝（B）の穴から下部の水盤に落ちていく。三つのV型の桝と視覚化される雨が、ファサードの要素となっている。

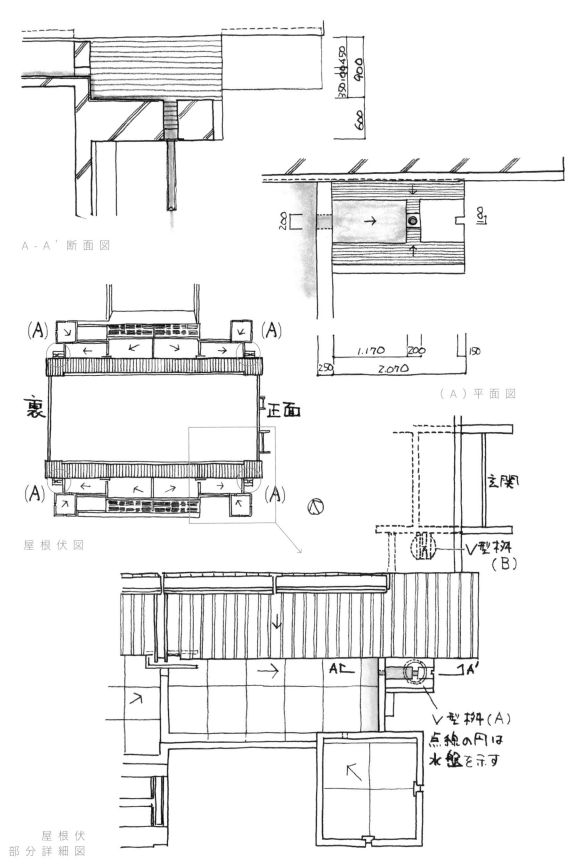

A-A' 断面図

（A）平面図

裏　　正面

屋根伏図

玄関

V型桝（B）

V型桝（A）
点線の円は
水盤を示す

屋根伏
部分詳細図

06 東京工業大学 70 周年記念講堂

谷口吉郎、1958 年

コンクリートの薄い水平ラインを活かす竪樋　　つなぐ

　　キャンパス中央広場の西に下がる斜面に立ち、南には憩いの場である芝のスロープが広がる。この斜面を利用して客席を配置し建物高さを抑えていて、東側アプローチからは平屋のように見える。待合ホール、廊下などのエントランスレベルを縦格子のスクリーンが囲い、芝生にキャンティレバーで跳ね出し、深い軒がつくる水平線とともに軽快感が生み出された。

単純な内勾配の雨の処理が、
コンクリートの庇でありながら、薄いシャープな軒の水平ラインをつくり出している。

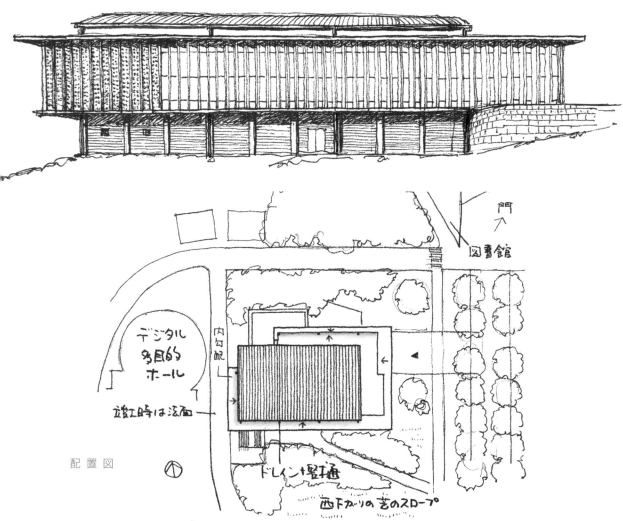

配置図

デジタル
多目的
ホール

竣工時は法面

内勾配

門

図書館

ドレイン+竪樋

西下がりの芝のスロープ

軒の水平ラインはコンクリートとは思えないほど薄くシャープだ。本体の講堂部分は必要な高さを確保したヴォールト屋根で、先端の軒樋で雨を処理している。軒はコンクリートの片持ちスラブの跳ね出しで、根元が太く応力が少ない先端を細く絞っている。この細さとともに跳ね出しスラブは東洋館（p.40）と同じ内勾配だ。広場に面する南側と構内通路の西側は、内勾配により雨が講堂の壁面に沿って設けられたドレインに導かれ、ガラススクリーン内を経由し、キャンティレバーの下に現れる柱に沿った竪樋により地面に導かれる。軒と縦格子のスクリーン面には雨樋がない。かつ、竪樋はキャンティレバーの下であまり目立たず、軽快な表情をつくり出している。さらに軒は先端ほど跳ね上がるため、洗練された軒のシャープな水平性が実現された。コンクリートを最小限まで突き詰めた建築に雨仕舞のデザインも呼応している。

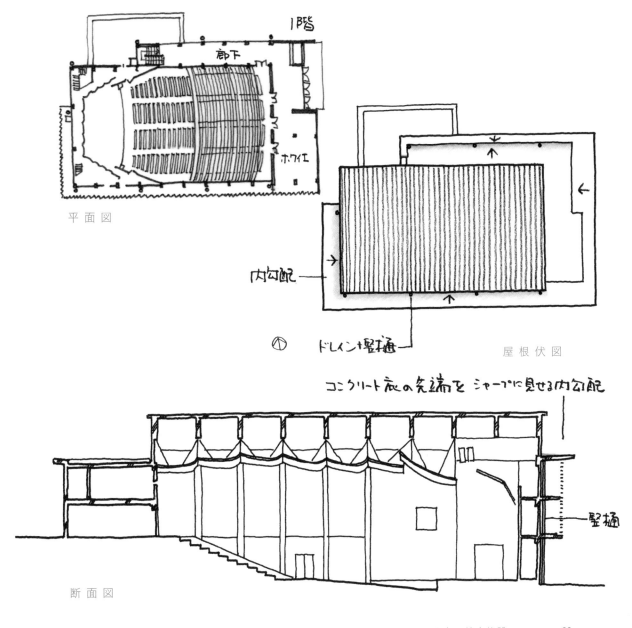

平面図

屋根伏図

断面図

象の鼻のようなガーゴイルからの雨を
蓮の花のような水盤があり受ける

上野寛永寺
—大屋根を美しく見せる象の鼻

　寺社や書院には軒樋、竪樋をつけない例が多い。軒先から落ちる雨は水のカーテンとなり、跳ね返りを防ぐ犬走りに落ちる。樋がないため軒先はスッキリし、屋根本来の水平性、おおらかさ、重厚感、荘厳さが十分に表現されたファサードがつくり出される。

　上野寛永寺の場合、正面が入母屋の大屋根で象徴的だ。雨の日には参拝者に大量の雨が降り注ぐという問題が生じるため、参拝をする正面のみに樋が設けられている。その端部はデザインされていて、まさに象の鼻のようなガーゴイルだ。その下には蓮の葉のような水盤があり、雨を受けている。

参拝をする正面のみに設けられた樋
雨端のガーゴイルで下部の水盤に雨を流す

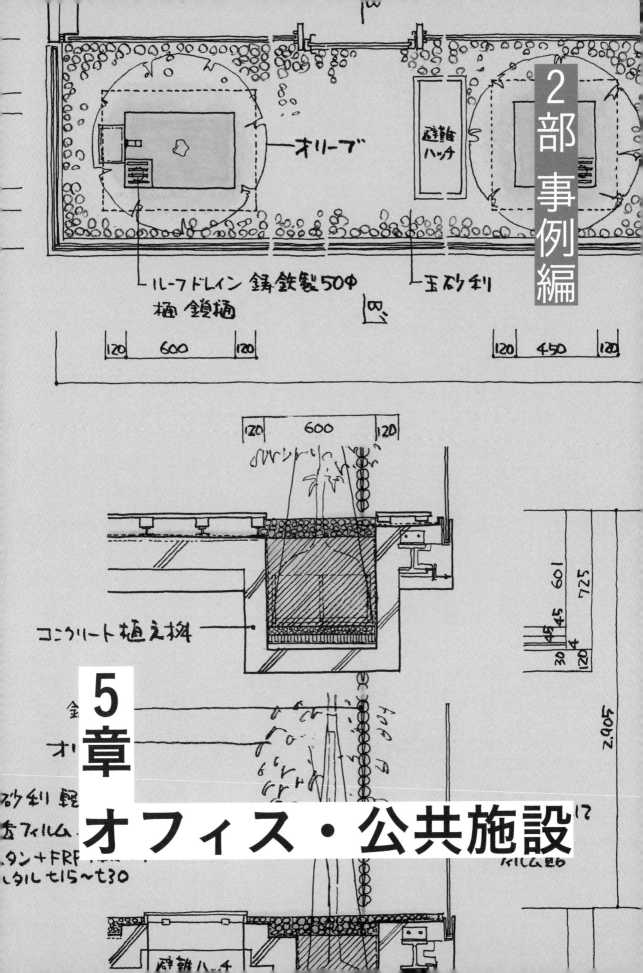

――オリーブ

避難ハッチ

――ルーフドレイン 鋳鉄製50φ
樋 鎧樋

――玉砂利

|120| 600 |120|

|120| 450 |120|

|120| 600 |120|

コンクリート植え桝――

30 120 45 45 601 725 2.905

金

オリ

砂利 軽

透フィルム

スタン＋FRP

レタル t15～t30

バイルム t6

避難ハッチ

5章
オフィス・公共施設

01 AKIHABARA KADAN

atelierA5、2013 年

熱負荷を低減する立木の鎖樋

そわす

このオフィスビルが建つ敷地は、間口が狭く奥行きが深い土地で、建て替えが進みペンシルビルが林立する無味乾燥な地域にある。その街並みに対して唯一建物の顔となる間口約 4m 高さ約 30m のファサードに、全面にテラスを設け、壁面緑化でなくオリーブの立木による緑化を行っている。

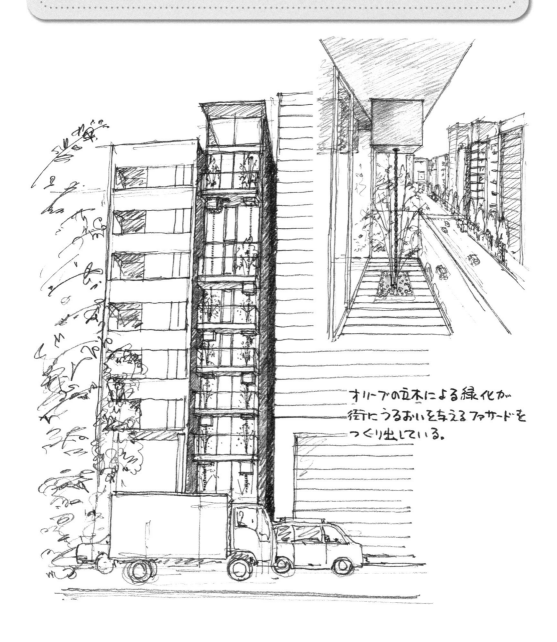

オリーブの立木による緑化が
街にうるおいを与えるファサードを
つくり出している。

オリーブの立木が植わるテラスの雨水は、
植え桝から植え桝へと鎖樋により導びかれ、植栽の散水にも役立つ。

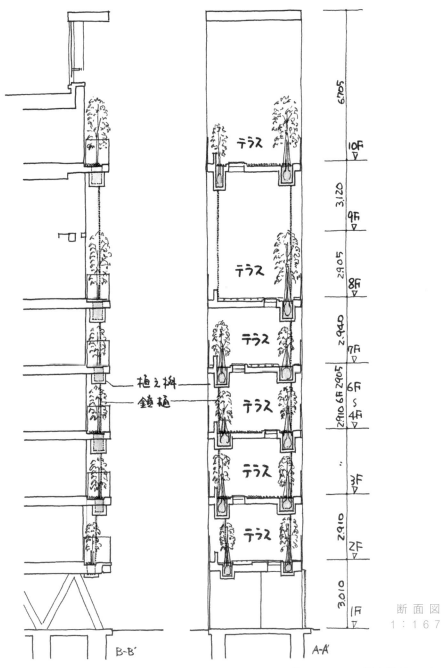

植え桝
鎖樋

テラス

B-B'　　　　　A-A'

　立木が植えられているPC（プレキャスト）コンクリート打ち放しの二つの植え桝は、バルコニー下に突出し、十分な根回りを確保している。約 4.7m^2 のテラスに降った雨は全て植え桝に流れ、植え桝下部のルーフドレインに下げられた鎖樋で、下階の植え桝に導かれる。二つの植え桝による緑化は、軽量土、排水層があるため埃でドレインを詰まらせることがない。熱負荷を低減しつつ、潤いのある豊かなファサードと間口の狭さを感じさせない内部空間をつくり出している。"そわす"の鎖樋を緑化にも生かした事例である。

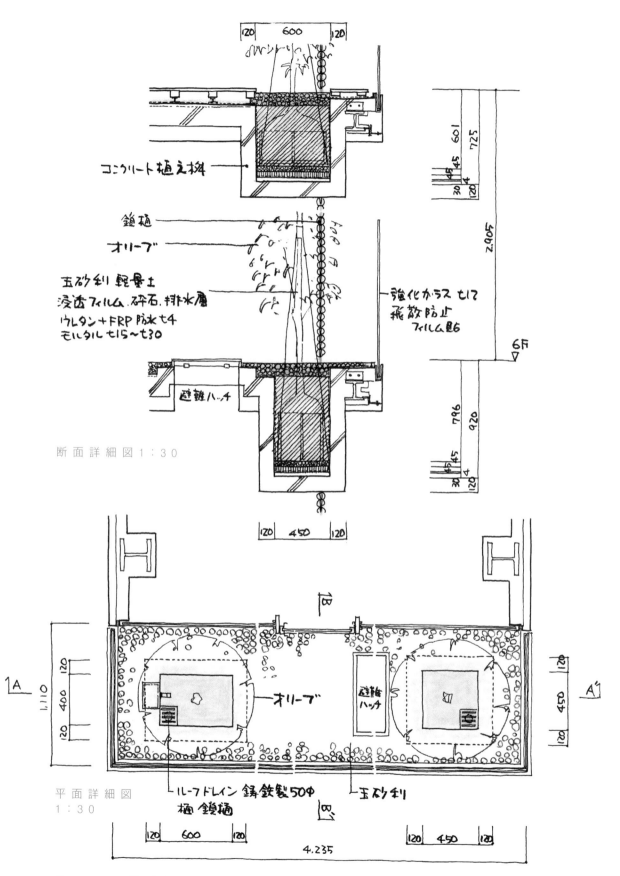

コンクリート植え桝

鎖樋

オリーブ

玉砂利 軽量土
浸透フィルム. 砕石. 排水層
ウレタン＋FRP 防水 t4
モルタル t15〜t30

強化ガラス t17
飛散防止
フィルム貼る

避難ハッチ

断面詳細図 1：30

6F

オリーブ

避難
ハッチ

ルーフドレイン 鋳鉄製50Φ
樋 鎖樋

玉砂利

平面詳細図
1：30

4,235

大鳥居神社
—鳥居をモチーフにした？2本の独立樋

大屋根の雨はクケクケに集められ
独立柱の後ろの竪樋におちる
ゆるい切妻の大屋根

ドレイン 下部竪樋

⑦

大通りの坂道に面して建つ大鳥居神社社務所は、破風が厚く横に長いダイナミックな切妻の大屋根と、2本の独立柱が印象的な建築だ。この2本の柱は樋であり、柱頭の円錐台形のロートが大屋根の雨を受け止め、地面に導いている。この象徴的な樋は境内と坂道とを区分する鳥居のようでもある。鳥居とは神域と人が住む俗界を区画する結界であり、神域への入り口を示すもので、一種の門だ。鳥居をモチーフにしたと思えるユニークかつ新鮮な雨を導くデザインである。

頂部が円錐台形の独立柱が大屋根の雨を受けとめる。
ゆるい切妻の妻面と独立柱が鳥居の様にも見える。

02 パレスサイドビル

日建設計 林昌二、1966 年

分節によりメンテナンスが容易になったロート状竪樋

おどる

　　アントニン・レーモンド設計のリーダーズ・ダイジェスト社屋跡地にできたパレスサイドビルは、将来の環境の変化に対応できるように、長い寿命を持つ骨格と可変性の高い内装、更新の早い設備を分離したオフィスビルである。今では当たり前の手法であるSI（スケルトンインフィル）を実現していたわけである。

　　パレスサイドビルは、床面積の有効率を最大限に上げるため、コアを外部に出し中廊下の雁行した平面形をしている。そのため、皇居に面し長さ約150m 高さ約38mの長大なファサードが生まれた。このような巨大な壁の外観は、単調で圧迫感のあるものになりがちである。だが、ここでは長大なファサードの前面に水平のルーバー、垂直の竪樋の小さな要素をダブルスキンで付加することで、リズミカルでヒューマンな印象をつくり出している。

皇居に面する幅約150m×高さ約38mの長大なファサード。
423個のお椀型の雨受けを持つ竪樋が雨を導くとともに、
圧迫感を柔らげリズミカルなファサードをつくり出す。

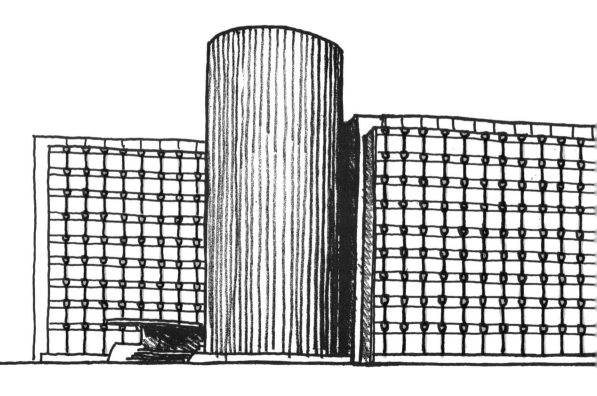

アルキャストのルーバーとコンクリートのキャンティレバースラブは、日射をコントロールし熱負荷を低減する。コンクリートのスラブは FIX ガラスの清掃用デッキにもなっている。FIX ガラスは当時最大の 2.4m × 3.2m の 1 枚ガラスで構成され、現在の環境を考えると自然換気が取れないなど問題はあるが、奥行きの深い事務室への採光を確保する。竪樋は、この FIX ガラスの幅に合わせて設けられた。

　屋上には緑化された庭園が計画された。設計者の一人である平井堯は次のように述べている。

　「屋上庭園の芝生の枯れ草が樋を詰まらせる恐れがあった。詰まったらすぐに分かることが大切。吉村順三の『新宮殿』(1966 年) の樋も分節されている。形状の違いこそあれ、その考え方は似ている。(平井堯談)」(『林昌二の仕事』新建築社、2008 年、p.104)

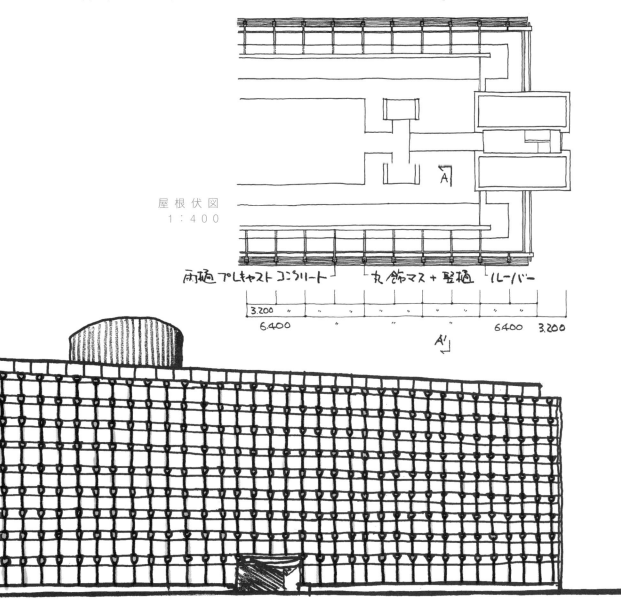

屋根伏図
1：400

樋の詰まりによる漏水を考慮して、竪樋は外部に露出させ各階で分節し、お椀型の頂部で雨を受けて流している。まさに雨の流れが視覚化された動きのあるファサードだ。このお椀型の雨受けはアルキャストでできており、平面形で直径396mm、高さ340mmの半球をのばしたような形状をしている。受けた雨を縦に流すパイプは、細かい縦のリブがあるアルミの押出し材で、垂直性が強調されリブによる陰影が柔らかい表情をつくる。分節された竪樋は詰まる心配も少なくほぼメンテナンスフリーと言える。もし詰まった場合も、お椀型の雨受けからオーバーフローするためすぐに特定できるというメリットがあり、メンテナンスが容易だ。その数なんと423個。このロート状のオブジェが縦横約3mピッチに整然と並ぶ姿は、リズミカルでまさに外観を彩るオブジェとも言える。

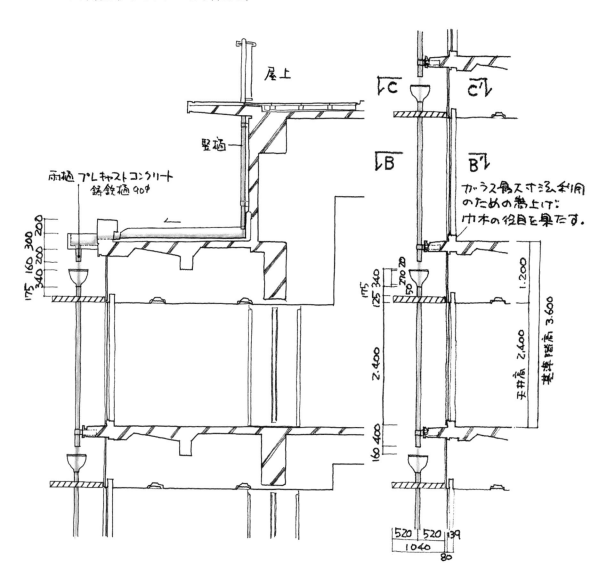

A-A'断面図（頂部）　　　　　　　　　　A-A'断面図（基準階）

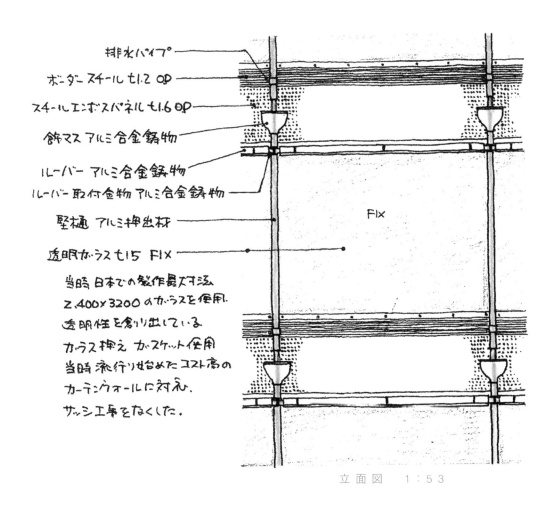

排水パイプ

ボーダー スチール t1.2 OP

スチールエンボスパネル t1.6 OP

飾マス アルミ合金鋳物

ルーバー アルミ合金鋳物

ルーバー取付金物 アルミ合金鋳物

堅樋 アルミ押出材

透明ガラス t15 FIX

　当時 日本での製作最大寸法
　2,400×3200 のガラスを使用.
　透明性を創り出している
　ガラス押え ガスケット使用
　当時 流行り始めた コスト高の
　カーテンウォールに対応.
　サッシ工事をなくした.

FIX

立 面 図　　1 : 5 3

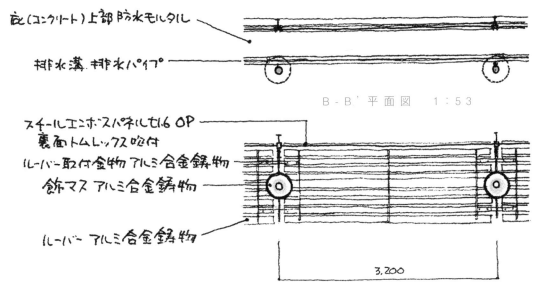

庇(コンクリート)上部 防水モルタル

排水溝 排水パイプ

B-B'平面図　　1 : 5 3

スチールエンボスパネル t1.6 OP
裏面トムレックス吹付

ルーバー取付金物 アルミ合金鋳物

飾マス アルミ合金鋳物

ルーバー アルミ合金鋳物

3,200

C-C'平面図　　1 : 5 3

03 安曇野市役所

内藤廣、2015 年

かきこんだスラブに配される角錐台の竪樋頂部

おどる

構造は柱頭免震とともに、プレキャストコンクリートの柱、梁にポストテンションを掛けて組み上げた耐震性・耐久性に優れた建物だ。

見上げスケッチ
連続するロート状の樋が
雨を視覚化する

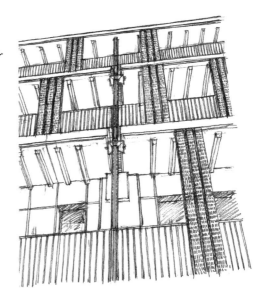

連続するロート状の頂部を持つ竪樋と
ランダムな外装ルーバーが
リズムのあるファサードをつくり出している

柱の位置でバルコニーのスラブを大きく切り、ストランドの緊張スペースを確保し、この
スリットを利用して柱芯に鋼製の 114.3 φ の竪樋を設けている。竪樋は各層で分節され、巾
300mm ×奥行き 220mm ×高さ 140mm の長方形平面で鋼製の角錐台の竪樋頂部で雨を受けな
がら流す。パレスサイドビルと同様の構成で雨の流れが視覚化された動きのあるファサードで
あるが、一つ違いがある。パレスサイドビルでは、竪樋はコンクリートの庇とアルキャストの
ルーバーの先端で固定され、屋上の雨水のみを導く。一方コンクリートの庇の雨水は少量で済
み、排水口から排水パイプで垂れ流されている。それに対し、この建物には広いバルコニーが
あり、スリットを埋めるグレーチングの先端で雨樋が固定され、バルコニー側溝の雨水も角錐
台の頂部で受けて屋上の雨水とともに流している。水平を強調するスラブと等間隔に並んだ竪
樋のグリッドに、外装ルーバーがランダムに配置され、リズミカルなファサードだ。

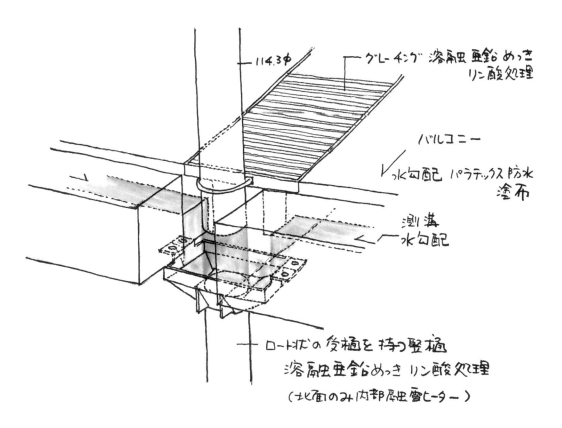

樋 詳 細 図

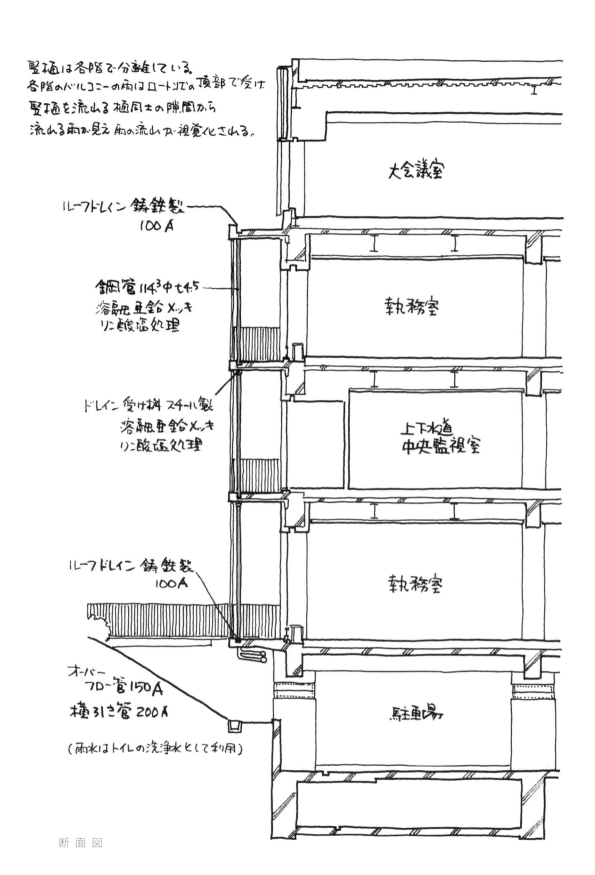

竪樋は各階で分離している。
各階のバルコニーの雨はロートンの頂部で受け、
竪樋を流れる樋同士の隙間から
流れる雨が見え雨の流れが視覚化される。

ルーフドレイン 鋳鉄製
　　　100A

鋼管114³中もt4.5
溶融亜鉛メッキ
リン酸亜処理

ドレイン受け桝 スチール製
溶融亜鉛メッキ
リン酸亜処理

ルーフドレイン 鋳鉄製
　　　100A

オーバー
フロー管150A
横引き管200A

(雨水はトイレの洗浄水として利用)

大会議室

執務室

上下水道
中央監視室

執務室

駐車場

断面図

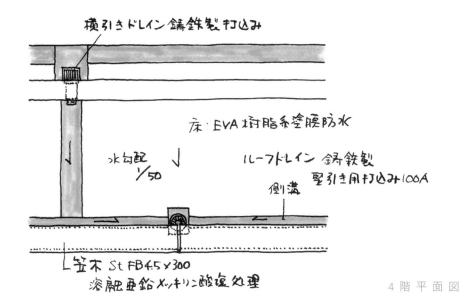

横引きドレイン 鋳鉄製 打込み

床：EVA樹脂系塗膜防水

水勾配 1/50

ルーフドレイン 鋳鉄製
竪引き用打込み100A

側溝

笠木 St FB4.5×300
溶融亜鉛メッキリン酸塩処理

4 階 平 面 図

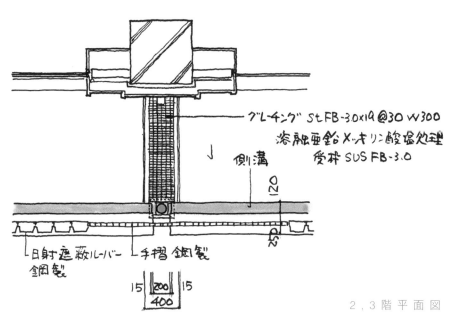

グレーチング St FB-30×19 @30 W300
溶融亜鉛メッキリン酸塩処理
受材 SUS FB-3.0

側溝

120

252

日射遮蔽ルーバー
鋼製

手摺 鋼製

15 200 15
400

2 , 3 階 平 面 図

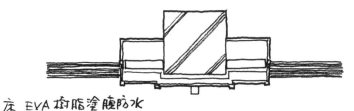

床 EVA樹脂塗膜防水

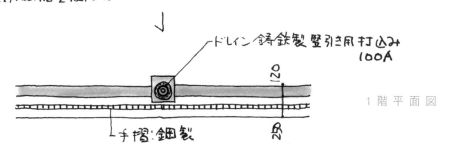

ドレイン 鋳鉄製 竪引き用 打込み
100A

120

手摺：鋼製

250

1 階 平 面 図

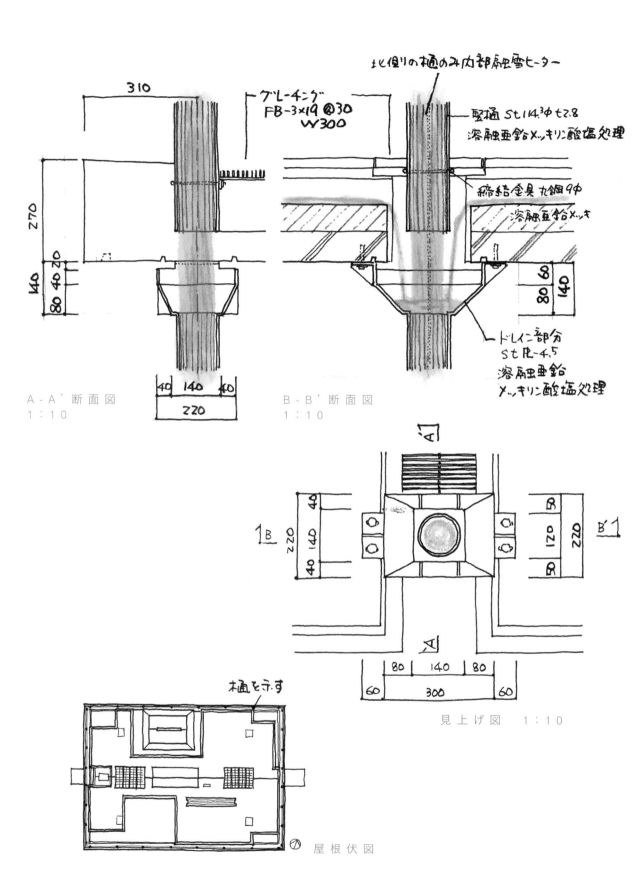

北側の樋のみ内部融雪ヒーター

グレーチング
FB-3×19 @30
W300

竪樋 St114.3Φ t2.8
溶融亜鉛メッキリン酸塩処理

締結金具 九鋼9Φ

溶融亜鉛メッキ

ドレイン部分
St PL-4.5
溶融亜鉛
メッキリン酸塩処理

310

270

140

80 40 20

40 140 40

220

A-A'断面図
1：10

B-B'断面図
1：10

40
220 140
40

80 80
220 120 80

80 140 80
60 300 60

見上げ図 1：10

樋を示す

⑦ 屋根伏図

宙を舞う樋が宙を走る竪樋を支持
ちょっとしたゲートを形成する。土庇部分が入口。

待庵
―宙を走る竹樋

　現在の雨樋は金属や樹脂製がほとんどであ
る。様々な役物があり加工がしやすいという利
点はあるが、自由が利く分とってつけたような
例が多い。それに対して日本の伝統建築の樋は
竹や板材などの自然素材でつくられ、基本は
直線の部材のため曲がりが存在せず直線のぶつかり合いで構成的な水の流れをつくり出してき
た。数少ない自然の材料を工夫しそして駆使してつくり上げた先人の知恵と努力には感激する
ばかりである。

　待庵は、現存する千利休の遺構としては唯一の茶室だ。茶室部分を切妻屋根、躙り口部分を
土庇としている。切妻部分は軒の出が浅く、樋を設け外壁の保護を図っている。その妻面に土
庇がついている。土庇の軒先はかなり低く軒の出（約1.5m）も深く、身体感覚にあったとて
も親しみやすい外観だ。

　樋に使用されているのは当時手に入った自然素材の竹である。竹は節を抜けば筒状になり竪
樋の役目を果たし、半割にすれば半円形となり軒樋の役目を果たす優れものの素材だ。切妻屋
根の東西の軒先につけられた半割の竹の軒樋は、妻面を飛び越し宙を舞い、竹の竪樋に支持さ
れている。特に西側の軒樋は土庇を越えて竪樋とともにちょっとしたゲートを形成している。
竹の線材で構成されたフレームが樋の軽やかさを助長している。現代にも十分通用するような
発想であり、日本の雨仕舞の基本と言えるかもしれない。

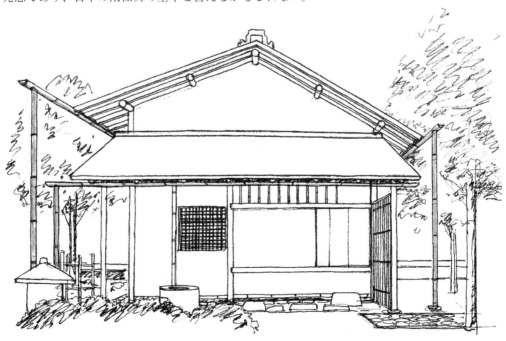

04 コープ共済プラザ
日建設計、2016 年

緑のカーテンをつくる鎖樋

おどる

　9階建てのオフィスビルのファサード前面に、全部で3700本の8種類の鎖樋が薄いスラブ間をつなぐように設けられている。手前から順に、円柱を連ねた鎖樋、リングを連ねた鎖樋、SUSワイヤー、の3列を基本配置としながらランダムに間引かれている。ランダムに配置された線がリズムをつくり、その線の連なりが大屋根から落ちる緑雨（新緑の頃にしっとりと降る雨）のようだ。

ランダムな鎖樋が繊細でありながら、
リズミカルなファサードを つくる

ここでの鎖樋の主な役割は雨の処理だけではない。鎖樋には植物が絡み壁面緑化の役割も果たす。スラブ下端に設けられた葉面潅水用ノズルからの水が鎖樋を伝わって植物へ届き、緑のカーテンをつくる。緑のカーテンは日射をコントロールするとともに、オフィス空間に潤いを与える。鎖樋と緑の相乗効果により、動きがある中にも繊細でしっとりと落ち着いたファサードをつくり出す。このように、鎖樋は単に雨水を導くだけでない多くの可能性を持っている素材である。

　バルコニーの雨の多くは、鎖樋スクリーンの後ろに中継ドレインでつながれた竪樋により2階で側溝に開放され、1階のワイヤーで支持されたステンレスの60.5φの軽快な竪樋に導かれる。また、屋上に溜められた雨水は植物への潅水、さらに地下に溜めた雨水は、外気負荷を減らすため熱利用されている。

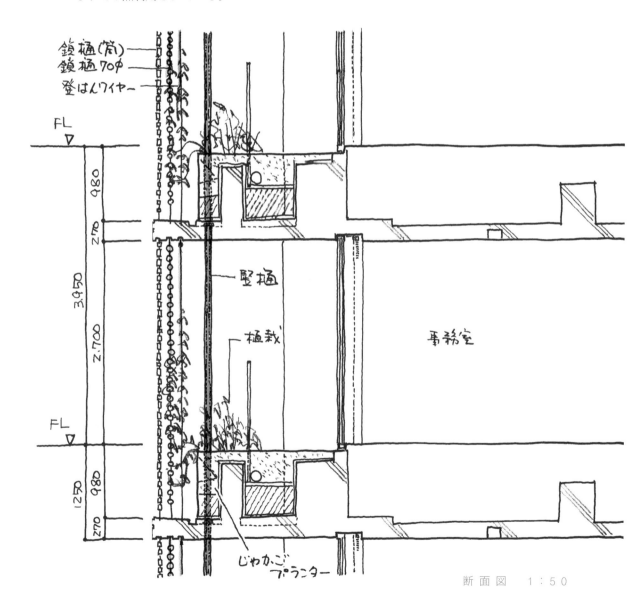

断面図　1：50

壁面緑化の役割も果たす鎖樋。
緑のカーテンは日射をコントロールするとともに 街行と室内に潤いを与える。

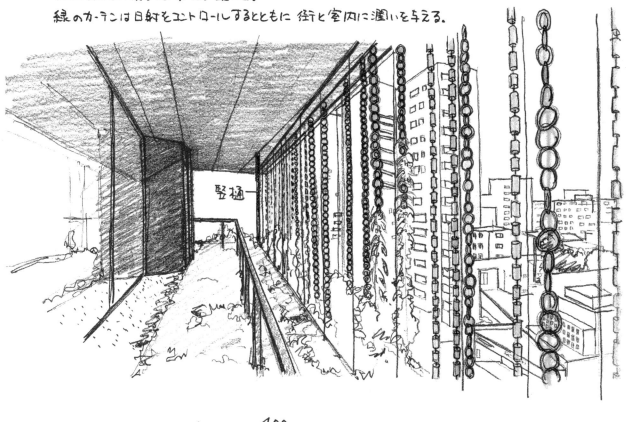

堅樋

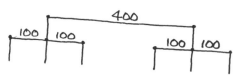

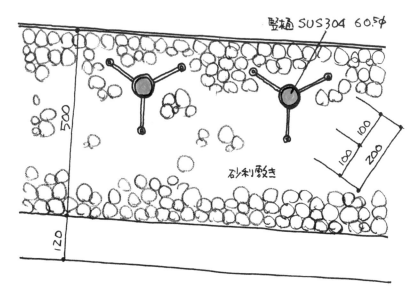

堅樋 SUS304 60.5φ

砂利敷き

1 階 堅 樋 平 面 図
1：10

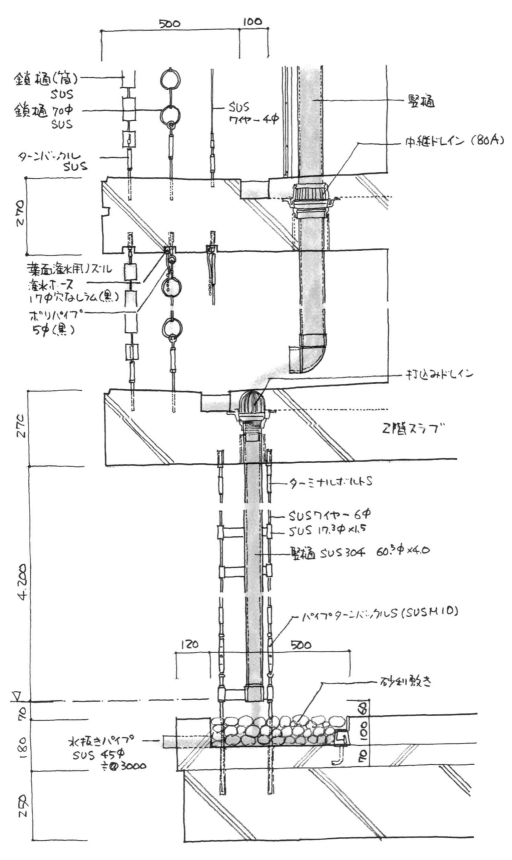

鎖樋（筒）
SUS

鎖樋 70φ
SUS

ターンバックル
SUS

壁面潅水用ノズル
潅水ホース
17φ穴なしゴム（黒）
ポリパイプ
5φ（黒）

500　100

SUS
ワイヤー4φ

竪樋

中継ドレイン（80A）

打込みドレイン

2階スラブ

ターミナルボルトS

SUSワイヤー6φ
SUS 17.3φ×1.5

竪樋 SUS304　60.5φ×4.0

パイプターンバックルS（SUSM10）

砂利敷き

120　500

水抜きパイプ
SUS 45φ
≒@3000

270

4,200

70　180　250

70　100　70

断面図　1：135

05 YKK80 ビル
日建設計、2015 年

雨を導く Y 型アルミ押し出し型材 　　　　　　おどる

首都高の高架がある昭和通りに面して建つオフィスビルである。2 階から上の約 60m ×約 36m のファサードは、繊細な Y 型のアルミ押し出し型材を Y 型のつなぎ材でジョイントすることで、型材が千鳥に連続する繊細な格子状のスクリーンで覆われている。ファスナーやアルミサッシの YKK グループらしい型材を使用した軽やかなデザインだ。このガラス面とダブルスキンを構成する格子状のスクリーンは、優雅なレースのようで柔らかい印象をもたらす。

Y型の型材の組み合わせによる繊細なスクリーンが
軽やかな景観をつくり出している。

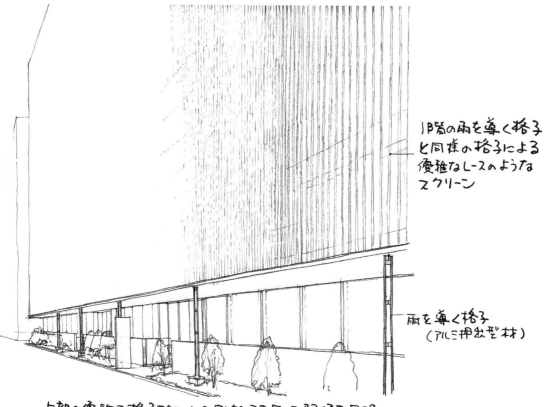

1B階の雨を導く格子
と同様の格子による
優雅なレースのような
スクリーン

雨を導く格子
（アルミ押出型材）

上部の優雅な格子スクリーンのワンピースを用いた軽快な竪樋

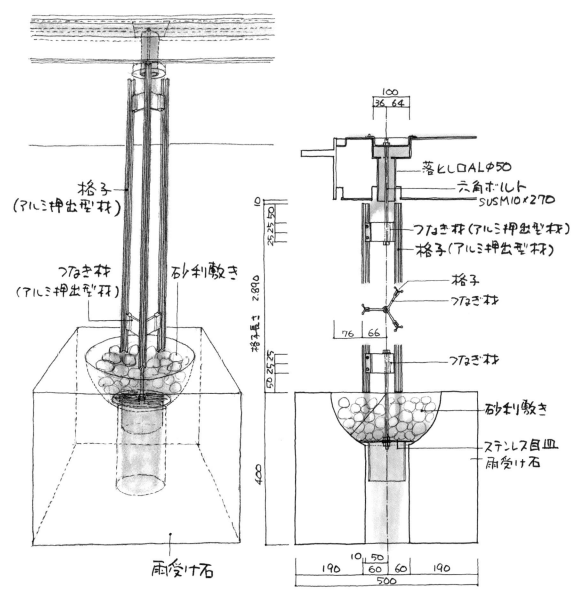

格子
(アルミ押出型材)

つなぎ材
(アルミ押出型材)

砂利敷き

雨受け石

1階竪樋まわり詳細図

100
36　64

落とし口AL φ50
六角ボルト
SUSM10×270
つなぎ材 (アルミ押出型材)
格子 (アルミ押出型材)

格子
つなぎ材

76　66

つなぎ材

砂利敷き

ステンレス目皿
雨受け石

10　50
190　60　60　190
500

断面図　1：10

　ダブルスキン内に吹き込んだ雨は奥行き約1.5mの庇から先端に流れ、格子状のスクリーンに伝わるか手前で落ちて、2階のアルミ製の庇が受ける。受けた雨は、Y型つなぎ材でジョイントされ六角ボルトで支持された格子のピース（竪樋）に伝わり、石の受け桝で側溝に導かれる。1階部分のセットバックがファサードに陰影を生み出し、列柱のように並ぶ繊細な竪樋を浮かび上がらせる。この竪樋は雨を視覚化するとともに、上部の優雅なスクリーンと相まって軽やかな足元周りを演出している。

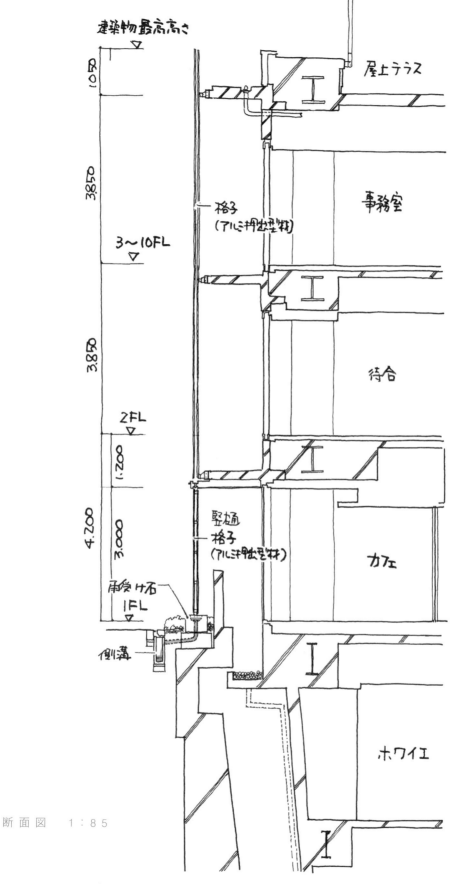

建築物最高高さ

1050

3850

3～10FL

3850

2FL

1200

4200

3000

竪樋
格子
(アルミ押出型材)

雨受け石

1FL

側溝

格子
(アルミ押出型材)

屋上テラス

事務室

待合

カフェ

ホワイエ

断面図　1：85

06 フォーラムビルディング

谷口吉生、2009 年

アウトフレームによる驚異的な寸法の雨の処理

かくす

　このオフィスビルのファサードは、410mm角という驚異的な寸法の柱梁による3.6m角グリッドのアウトフレームでできていて、まったく重量感を感じさせない、端正なプロポーションである。グリッド内のガラススクリーンをセットバックすることで、ファサードに陰影をつくり、グリッドの骨格を際立たせ端正さを強めている。また、グリッドはビーズブラスト処理されたステンレスパネルで覆われていて、金属感を消した鈍い輝きが落ち着いた雰囲気だ。このグリッドの足元のピロティが全体の軽快感をより強めている。

アウトフレーム天端の雨を導く樋を
内包した端正なフレーム。
天端の雨垂れによる汚れを防ぎ
綺麗さを保つ

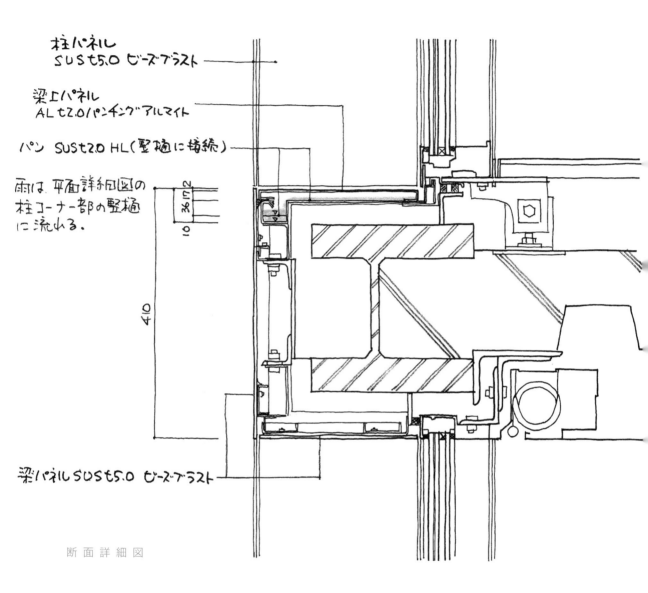

柱パネル
SUS t5.0 ビーズブラスト

梁上パネル
AL t2.0 パンチングアルマイト

パン SUS t2.0 HL (竪樋に接続)

雨は,平面詳細図の
柱コーナー部の竪樋
に流れる。

36 1/2
10

410

梁パネル SUS t5.0 ビーズブラスト

断面詳細図

　アウトフレームは、梁にたまった埃が雨で流されてフレームを汚すにも関わらず、垂れ流し
が一般的だ。ここでは、降った雨を、梁上のアルミパンチングパネルで埃とともに流し、下部
の樋で受け柱内の竪樋により導いている。言葉にすれば簡単だが、構造の柱梁の鉄骨が大半を
占める 410mm 角という驚異的な寸法の中に、雨の処理を納めた設計と施工には本当に驚かさ
れる。

　また、フレームに降る雨は少量なのでオーバーフローすることはないと思われるが、万一に
備えて掃除用の点検口を設けてある。メンテナンスにまで細心の注意を払い、フレームに雨を
垂れ流さず、綺麗さを保つディテールを追求した雨を導くデザインだ。

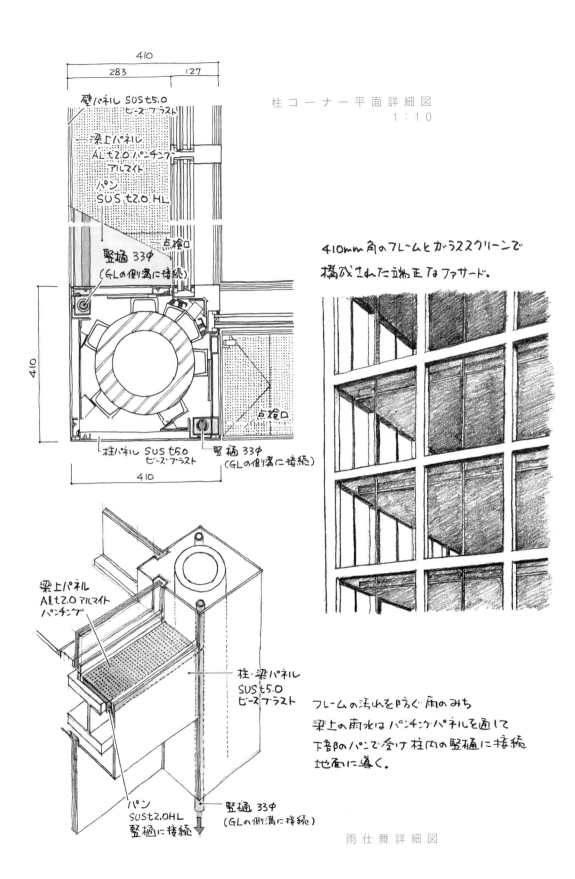

柱コーナー平面詳細図
1：10

410
283　127

壁パネル SUS t5.0
　ビーズブラスト

梁上パネル
ALt2.0 パンチング
アルマイト

パン
SUS t2.0 HL

点検口

竪樋 33φ
(GLの側溝に接続)

410

410

柱パネル SUS t5.0
ビーズブラスト

竪樋 33φ
(GLの側溝に接続)

点検口

410mm角のフレームとがうススクリーンで
構成された端正なファサード。

梁上パネル
ALt2.0 アルマイト
パンチング

柱・梁パネル
SUSt5.0
ビーズブラスト

パン
SUSt2.0HL
竪樋に接続

竪樋 33φ
(GLの側溝に接続)

フレームの汚れを防ぐ雨のみち
梁上の雨水はパンチングパネルを通して
下部のパンで受け柱内の竪樋に接続
地面に導く。

雨仕舞詳細図

07 長沢浄水場

山田守、1957 年

RC の柱に打ち込まれた鋼管の竪樋

かくす

　構造自体をあらわしとし豊かな内部空間をつくるマッシュルームコラム構造では、PS が空間を阻害してしまう。一方、コラムに雨樋を打ち込み一体的な内部空間を実現したのが、長沢浄水場と、あとに紹介するジョンソン・ワックス社本社だ。

　長沢浄水場では、ファサードの一部はガラスカーテンウォールで覆われている。まるで現代オフィスの事務棟のようにも見える。内部には巨大な水槽の他、様々な機械室、監視室等がある。また整然と並ぶ浄水層の中央を横断するガラスに覆われた操作廊（監視廊下）や、搬入車が直接 2 階の倉庫にアクセスできるスロープなどがあり、まさに建築自体が浄水施設だ。その巨大な水槽の管にもなるのがマッシュルームコラムであり、外観からは 4 層に重なって見える。

マッシュルームコラムが積層、反復する単純な外観が、湧き上がる水をイメージさせる。
その一部にガラスカーテンウォールが取り付けられ、現代的な表情をつくり出している。
外周のコラムには雨樋が打ち込まれている。

本館

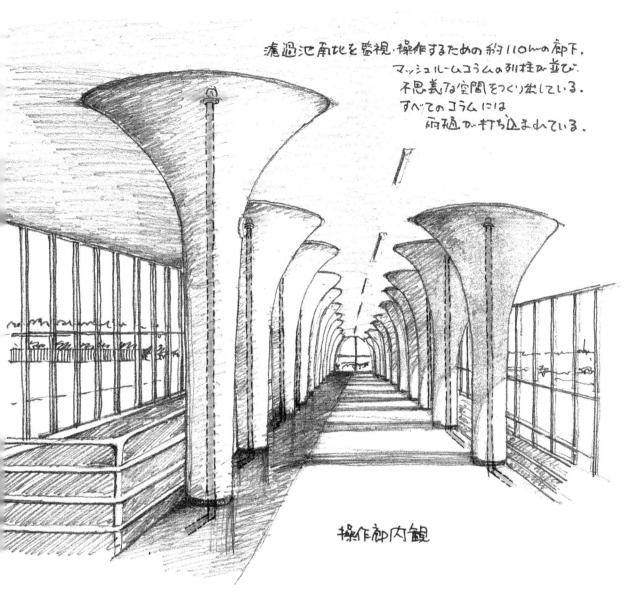

濾過池角比を監視・操作するための約110mの廊下。
マッシュルームコラムの列柱が並び、
不思議な空間をつくり出している。
すべてのコラムには
雨樋が打ち込まれている。

操作廊内観

　本館のコラムとコラムの間隔は約5m、下階ほど太くなるが、最上階で柱頭が約2.5m、柱下部は約0.6mで、上階の水槽と水平に重なる無梁板の薄い床スラブを支えながら、噴き上がる噴水をイメージさせる。本館では外周のコラム、操作廊では全てのコラムに雨樋が打ち込まれ、雨水を地下の貯水槽に導き浄水として使用している。まるで建物全体が水の循環装置のようだ。環境の時代である今では当たり前になっている雨水利用が実現されている。打ち込まれた鋼管は本館で100A、操作廊で80A。本館では鋼管がストレートにピットにつながっている。操作廊では竪樋80Aに対して呼び樋を100Aと太くし、流れを良くしている。改修時には樋を高圧洗浄で清掃し、今でも詰まらず使用されているのがすばらしい。

　この手法は大きなフラットの屋根面に有効だ。フラットルーフの場合、外周部に雨が集まるように水勾配を取るため、自ずと中央部が高くなる。例えばスラブ勾配をつけるなどの検討が必要だ。それに対して長沢浄水場本館の場合は、外周部のみであるが、仮に操作廊のように全てのコラムに打ち込めば、5m毎に雨樋が設けられ、1/50の勾配で50mm高くなるだけである。

このように建築の機能的な部分と造形的なデザインが一体となっているマッシュルームコラムは、山田がプロトタイプと呼んだように建築のあり方として理想的なものだ。構造と一体化し、なおかつ雨の再利用も可能とした洗練されたデザイン。全ての建築家が苦労する雨の処理を、雨水利用というプラスに捉え魅力的に表現された事例である。

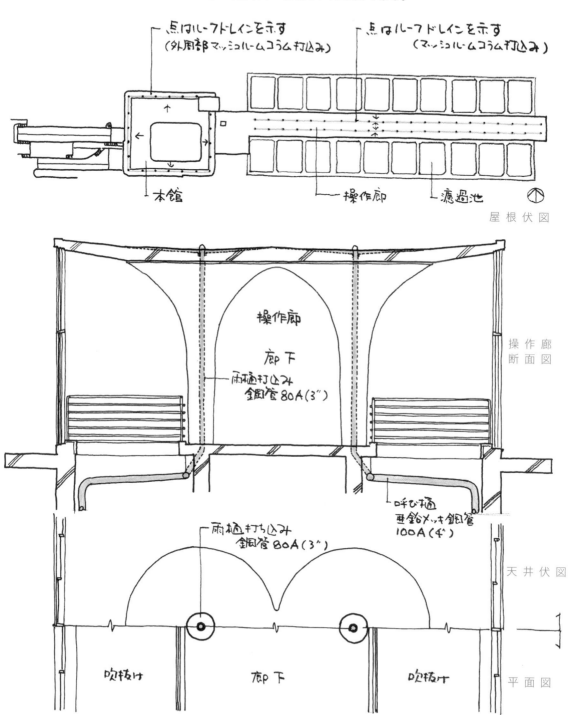

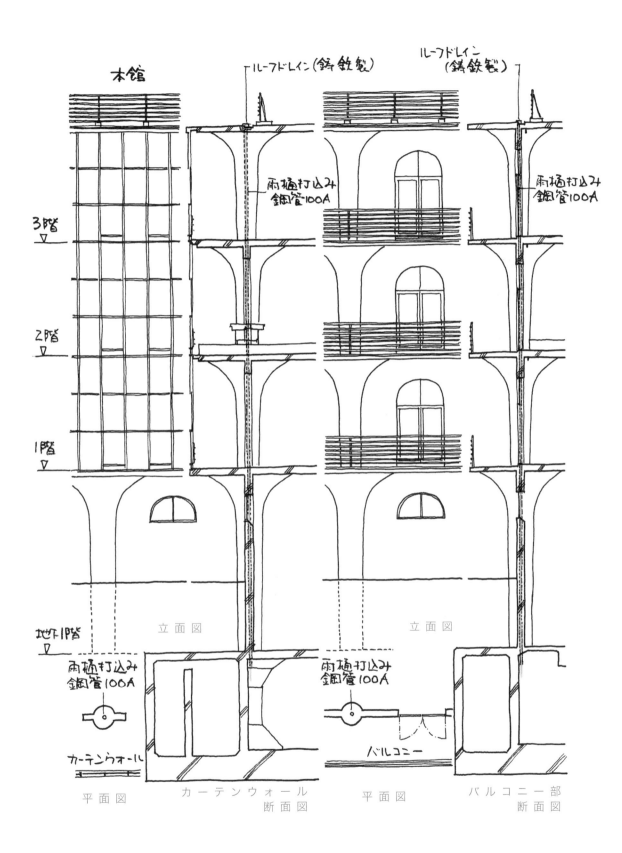

本館

ルーフドレイン(鋳鉄製)

ルーフドレイン
(鋳鉄製)

雨樋打込み
鋼管100A

雨樋打込み
鋼管100A

3階
▽

2階
▽

1階
▽

立 面 図

立 面 図

地下1階
▽

雨樋打込み
鋼管100A

雨樋打込み
鋼管100A

カーテンウォール

バルコニー

平 面 図

カーテンウォール
断 面 図

平 面 図

バルコニー部
断 面 図

08 ジョンソン・ワックス社本社
フランク・ロイド・ライト、1936年

構造と一体化した樋

かくす

ライトはこのジョンソン・ワックス社本社を設計するにあたり「頂点にある近代企業の建築的表現として、この建築は古来信仰の場としてのカテドラルがそうであったように、その中で働く人々の心を高揚させる場となるよう設計したつもりだ」と述べている[*]。実際に、2・3層吹き抜けの空間に軽やかに伸びるマッシュルームコラムの林立が、静寂ですがすがしい執務空間を実現している。

[*]：『Frank Lloyd Wright Monograph 1924-1936／フランク・ロイド・ライト全集 第5巻』(A.D.A.EDITA Tokyo、1985年、p.248)

軽やかに天空に伸びる マッシュルームコラムが林立する森の様な空間。
コラムのすきまからこぼれる光が、静寂で気持ち良い場をつくり出している。

トップライトに囲われた マッシュルームコラムの雨水は
コラムに打ち込まれた竪樋で導びかれる

柱と柱の間隔は約 6m、頂部の円盤は φ 約 5.6m、柱下部は直径約 23cm と細く、長沢浄水場と比べると軽快な柱である。繊細なマッシュルームコラム部分に、長沢浄水場と同様に雨樋が打ち込まれ、そこに雨が流れる。RC 造が示すように鉄とコンクリートは線膨張係数がほぼ同数で相性が良く、躯体に打ち込んでも問題ない。構造と機能が一体となったデザインである。

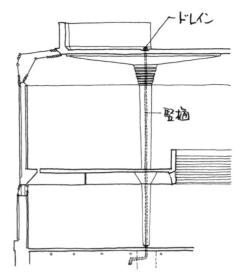

ドレイン

竪樋

打 ち 込 み 樋 部 断 面 図

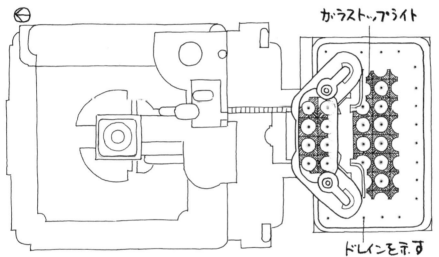

ガラストップライト

ドレインを示す

屋 根 伏 図

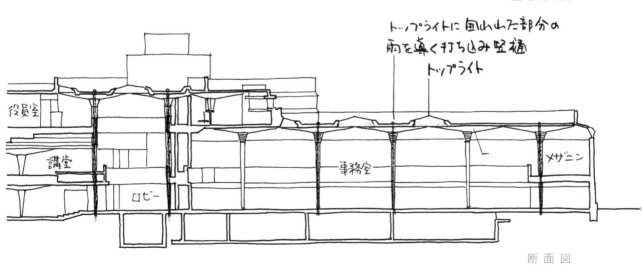

トップライトに集止した部分の
雨を導く打ち込み竪樋

トップライト

役員室

講堂

ロビー

事務室

メザニン

断 面 図

09 瞑想の森 市営斎場
伊東豊雄、2006年

屋根の凹凸による内部空間の豊かさをひき立てる雨の処理 かくす

　構造解析と技術の進歩から自由曲面の屋根を持つ建築が増えているが、自由曲面の雨の処理は大変だ。屋根面に凸部凹部ができ当然雨が凹部に溜まる。普通は室内にPSを設け雨を導くのが一般的だと思うが、せっかくの自由曲面による連続した豊かな空間がPSによって阻害され連続感を失ってしまう。

　そのような中、屋根と連続し支えるRC造の柱に雨樋を打ち込み、豊かな空間を実現しているのが、湖と森に囲まれたこの火葬場である。

　火葬場には待合による椅子座、床座、火葬設備など人の活動によりそれぞれ調整された天井高がある。この最適な天井高を連続させてできた、機能を包み込むような軽快な波型の屋根が、湖と森に囲まれて美しく佇んでいる。

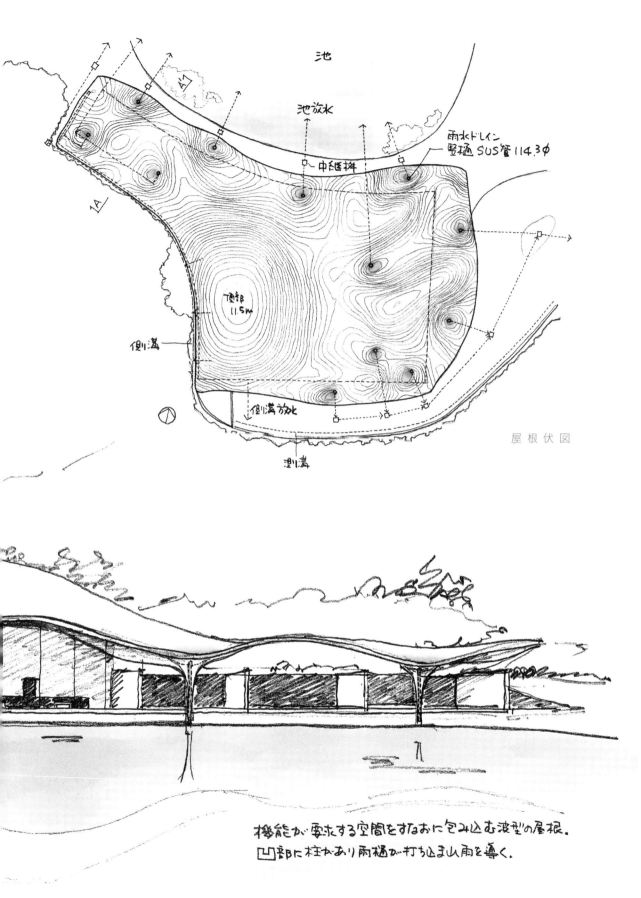

池

池放水

中継桝

雨水ドレイン
竪樋 SUS管 114.3φ

4T

1A

頂部
11.5M

側溝

側溝カクヒ

側溝

屋根伏図

機能が要求する空間をすなおに包み込む波型の屋根。
凹部に柱があり雨樋が打ち込まれ雨を導く。

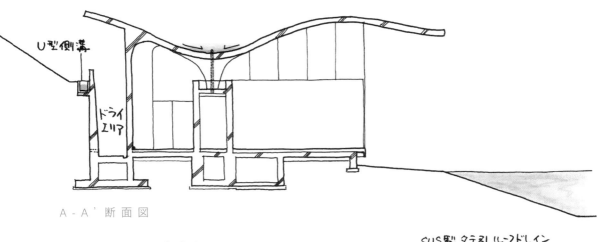

A - A' 断面図

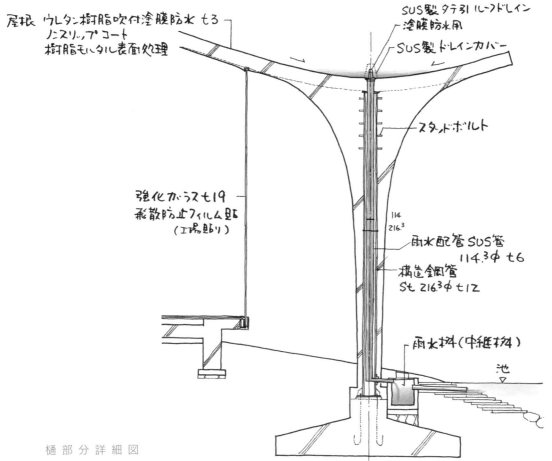

樋部分詳細図

　屋根の凹部に柱があり、柱には216.3φの構造用鋼管が打ち込まれ、鋼管の中にステンレス製の114.3φの雨樋が設けられ雨が流れる。雨樋が隠蔽された柱は主に外周部に配置され、外部の池や側溝につながっている。さきほどの長沢浄水場、ジョンソン・ワックス社本社はフラットルーフであるため、外壁側に雨を流すこともできる。それに比べ凹部ができる自由曲面の屋根は建物内で処理しなければならない。まさに屋根、構造、内部空間と雨の処理が一体となった建築である。

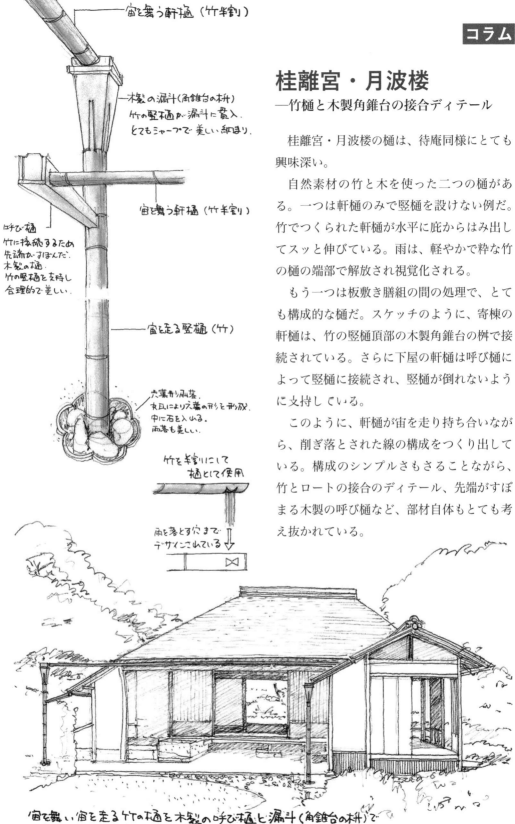

宙を舞う軒樋（竹半割）

鉄製の漏斗（角錐台の枡）
竹の竪樋が漏斗に貫入。
とてもシャープで美しい納まり。

宙を舞う軒樋（竹半割）

呼び樋
竹に接続するため
先端がすぼんだ
木製の樋。
竹の竪樋を支持し
合理的で美しい。

宙を走る竪樋（竹）

六葉形の雨落
丸瓦により六葉の形を形成。
中に石を入れる。
雨落も美しい。

竹を半割にして
樋として使用

雨を落とす穴まで
デザインされている

宙を舞い、宙を走る竹の木通を木製の呼び樋と漏斗（角錐台の枡）で
接続、持ち合いながら線の美しい構成を創り出している。

桂離宮・月波楼
―竹樋と木製角錐台の接合ディテール

　桂離宮・月波楼の樋は、待庵同様にとても興味深い。

　自然素材の竹と木を使った二つの樋がある。一つは軒樋のみで竪樋を設けない例だ。竹でつくられた軒樋が水平に庇からはみ出してスッと伸びている。雨は、軽やかで粋な竹の樋の端部で解放され視覚化される。

　もう一つは板敷き膳組の間の処理で、とても構成的な樋だ。スケッチのように、寄棟の軒樋は、竹の竪樋頂部の木製角錐台の枡で接続されている。さらに下屋の軒樋は呼び樋によって竪樋に接続され、竪樋が倒れないように支持している。

　このように、軒樋が宙を走り持ち合いながら、削ぎ落とされた線の構成をつくり出している。構成のシンプルさもさることながら、竹とロートの接合のディテール、先端がすぼまる木製の呼び樋など、部材自体もとても考え抜かれている。

10 TRIAD
槇文彦、2002 年

| きる |
| そわす |

樋をつくらないシンプルな雨の流し方

　長野県安曇野、表情豊かな自然に恵まれた穂高の山並み中腹に、その山並みをバックに研究棟・ギャラリー棟・守衛棟の三つが佇む。

　三つの棟は「テクノロジー」「アート」「セキュリティー」と役割が異なる。三つの棟それぞれが高度な技術と機能に適した独特なフォルムで、無駄を削ぎ落とした彫刻のようだ。フォルムを崩す雨樋は全くなく、積雪の多い穂高の自然環境にも適応している。

ろつの独特なフォルムが豊かな安曇野の景観と呼応し共鳴しあい
穂高の山並をバックに佇む。

まず、研究棟（テクノロジー部門）はロールケーキの端部を斜めにカットしたようなユニークなフォルムだ。精密部品の試作と研究に適した室内環境をつくりだすため、天井と壁が連続した滑らかな曲面をそのまま形にし、その局面に沿って空調空気の渦流が恒温室内を循環する。緩やかな起伏のある庭に対してはボリュームを抑えるために、壁面は非対称の曲面としている。滑らかな曲面はステンレスで覆われ、雨はその曲面に沿って埃を洗い流しながら流れ、地面の円形側溝に導かれる。開口もほとんどない重くなりがちなマッシブなフォルムに、溶接工法のステンレス板と妻側入口の薄い壁が軽やかさを生み出す。雨樋のない独特の滑らかなフォルムは芝生にそっと置かれた彫刻のようだ。

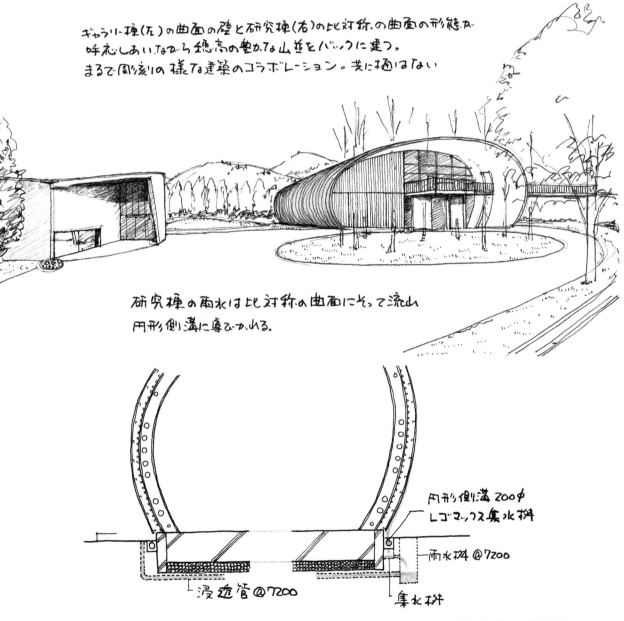

ギャラリー棟(左)の曲面の壁と研究棟(右)の比対称の曲面の形態が
呼応しあいながら穂高の豊かな山並をバックに建つ。
まるで彫刻の様な建築のコラボレーション。芝に樋はない

研究棟の雨水は比対称の曲面にそって流れ
円形側溝に導びかれる。

円形側溝 200φ
レゴマックス集水枡

雨水枡 @7200

浸透管 @7200

集水枡

研究棟　断面図

一方、独創的な彫刻家・飯田善國の作品を収蔵展示するギャラリー棟（アート部門）。四角い収蔵庫を回遊するように展示室が取り囲む。展示室は、巨大な彫刻用で安曇野の風景に開放的で曲面壁の部屋と、絵画作品用に開口が限定された四角い部屋で構成されている。屋根は開放的な展示室と閉鎖的な展示室の交点を谷とした二葉の組み合わせだ。溶接工法のステンレス板で一体に葺かれているため、谷による漏水の心配は少ない。谷の先端には三角形の吐水口が設けられ、谷に集まった雨は樋なしで地面に流れ落ちる。この吐水口が鳥のくちばしのようでなんともかわいい。雨を受ける地面は楕円形の砂利敷きで、くちばしと楕円の組み合わせで雨が視覚化され、まるで一つの彫刻のようだ。

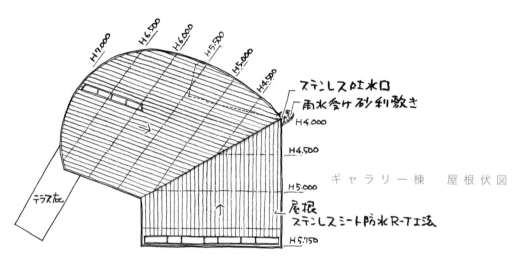

ギャラリー棟　屋根伏図

鳥のくちばしのような、三角形のガーゴイル。
雨受けの役目を果たす砂利敷の楕円との組み合わせが彫刻のようだ。

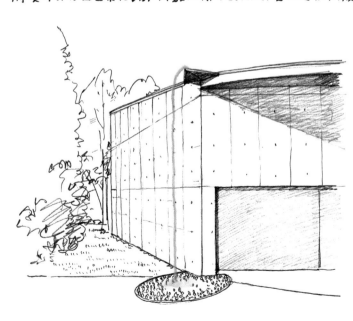

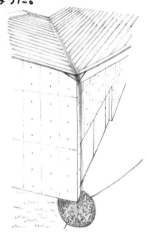

二枚の葉の様な屋根。
合わさった部分が谷樋となり、
集められた雨水が三角形のガーゴイルで
楕円の砂利敷に落ちる。

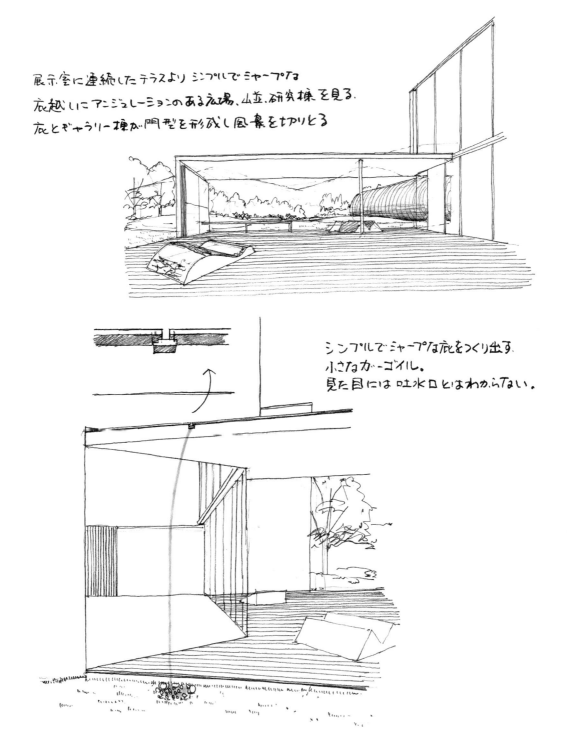

展示室に連続したテラスより シンプルで シャープな
庇越しに アンジュレーションのある広場、山並、研究棟を見る.
庇とギャラリー棟が門型を形成し風景を切りとる

シンプルで シャープな庇をつくり出す.
小さなガーゴイル。
見た目には 吐水口とはわからない.

　ギャラリー棟の一部には、庇がかかったウッドデッキのテラスが連続して設けられている。このテラスは絵画展示室の出入り口に設けられた庇により、領域感のある屋外展示空間となっている。庇には雨樋はない。庭側庇上部の金属のジョイント部に小さな吐水口があり、降った雨は庭側の砂利敷きに落ちていく。薄い板状の庇は、150mm の壁と柱で支えられたシンプルな構成で、雨樋のような他の要素がなく、シャープな門型をつくる。門型が、起伏のある庭、研究棟と山並みがつくりだす景観を絵画のように切り取っている。

なお、景観を生かすため、この工場には塀やフェンスが一切ない。また、施設群は雛壇の上にあり、かつ緑に覆われているためアプローチからは見えない。そこで、はじめに我々を迎えてくれるのが守衛棟（セキュリティー部門）だ。ガラスで妻面が開かれたボックスカルバートのシンプルなコンクリートの箱が、斜面からかすかに浮かべられたようにそっと置かれている。ここにも雨樋はない。フラットな屋根は、北側のパラペットの一部が欠き込まれた二対の吐水口に向かってV字勾配となっていて、雨が流れ落ちる仕組みだ。余計な物を極力省いた宙に浮くボックスは、コンクリートにも関わらず重さを感じさせず、エントランスのシンボルのようである。

　このように、雨樋がない三つの独特な建築が、安曇野の豊かな景観の中で「TRIAD」という名のとおり共鳴しあっている。

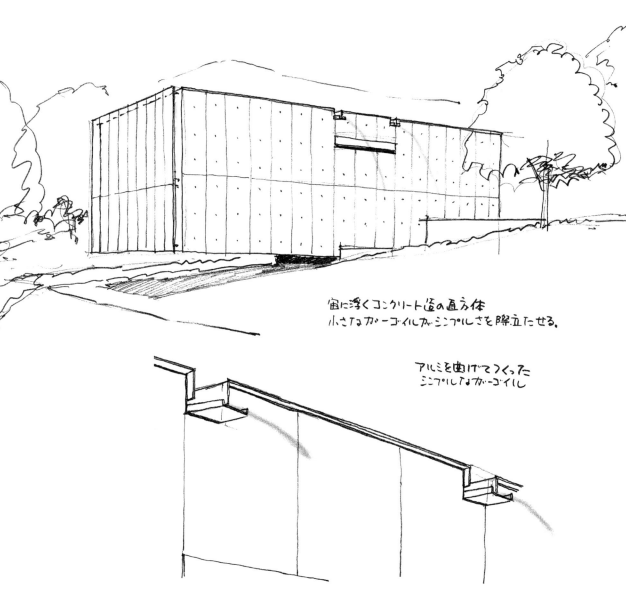

宙に浮くコンクリート造の直方体
小さなガーゴイルがシンプルさを際立たせる。

アルミを曲げてつくった
シンプルなガーゴイル

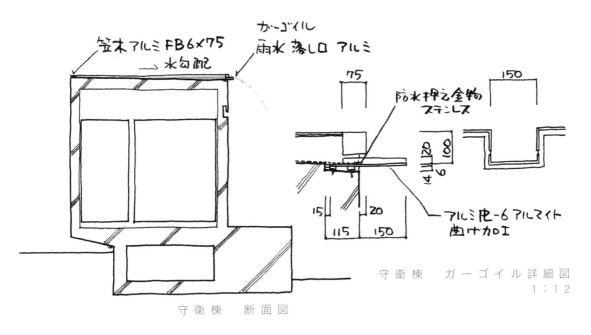

笠木 アルミ FB6×75
水勾配
ガーゴイル
雨水 落し口 アルミ

75

防水押え金物
ステンレス

150

14 20 6 100
120

15 20
115 150

アルミ FL-6 アルマイト
曲げ加工

守衛棟　ガーゴイル詳細図
1：12

守衛棟　断面図

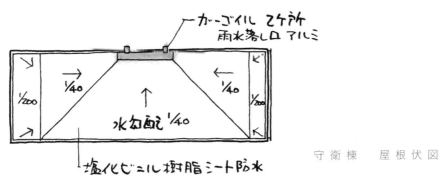

ガーゴイル 2ケ所
雨水落し口 アルミ

1/40
1/200

1/40
1/200

水勾配 1/40

塩化ビニル樹脂シート防水

守衛棟　屋根伏図

アプローチ　宙に浮いた守衛棟が人々を迎え入れる

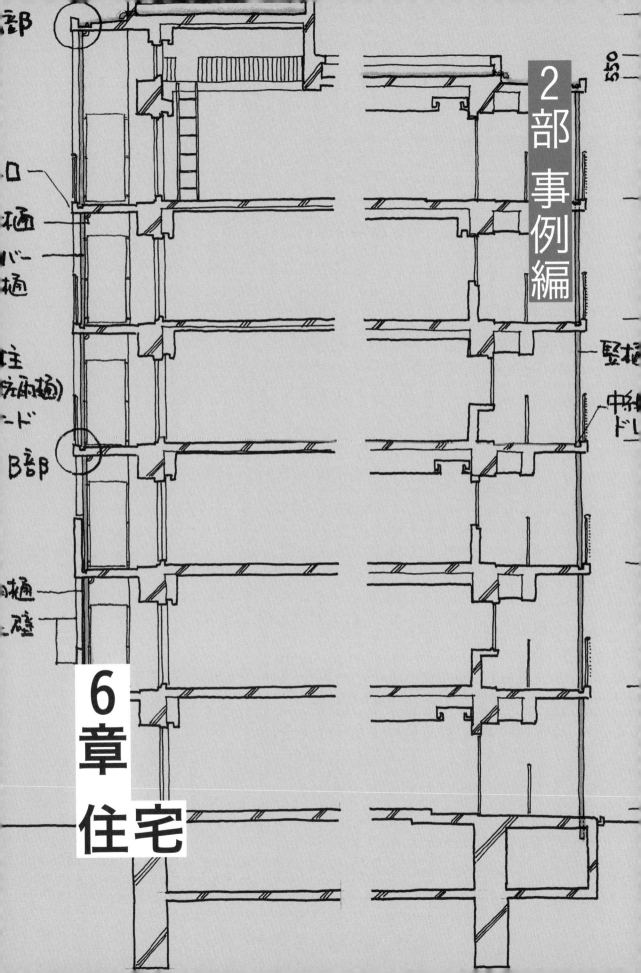

部

口
口樋
バ一樋

主
先
ド

B部

樋
壁

550

竪樋

中
ド

6章
住宅

01 マグニー邸
グレン・マーカット、1999 年

効率よく雨を集める 2 枚の大屋根と谷樋 　　　　うける

　グレン・マーカットが活躍するオーストラリアは、地球上で最も降水量の少ない地域の一つである。広大な自然の中に建つ住宅では、自然環境とエネルギーをいかに活かせるかがとても重要な課題だ。マーカットは風・日光・水などの自然エネルギーの利用を考え、環境に配慮した建築で世界的な評価を集めてきた。その中でもとくに水は生活に欠かせない要素であり、彼は雨を最大限に集める屋根を多く設計している。彼が設計した住宅は、雨を流すデザインの宝庫である。

　この住宅は、オーストラリアの広大な草原に建つ。鳥が大地に舞い降り大小 2 枚の翼を広げたような軽快な姿が印象的だ。

大小2枚の翼の様な屋根の雨は
谷樋から両端の大きな桝を持つ竪樋に流れ雨水槽に運びかられる.

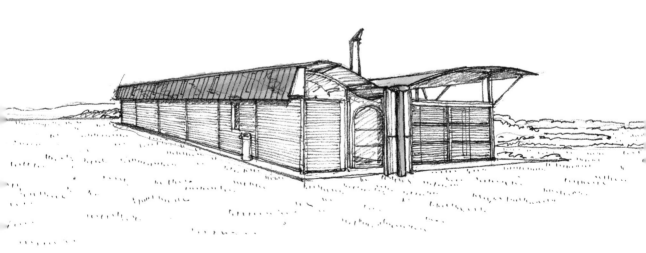

大地に向かって開いた2枚の大屋根は十分な日射を採り入れるとともに、中央は大きな谷樋として貴重な雨を集める装置となっている。降った雨水は、妻面の両側に独立して立つ頂部が大きな桝の竪樋により、地下の雨水槽に導かれる。大屋根とともに建物の雨水収集能力を象徴的に表現した形態だ。

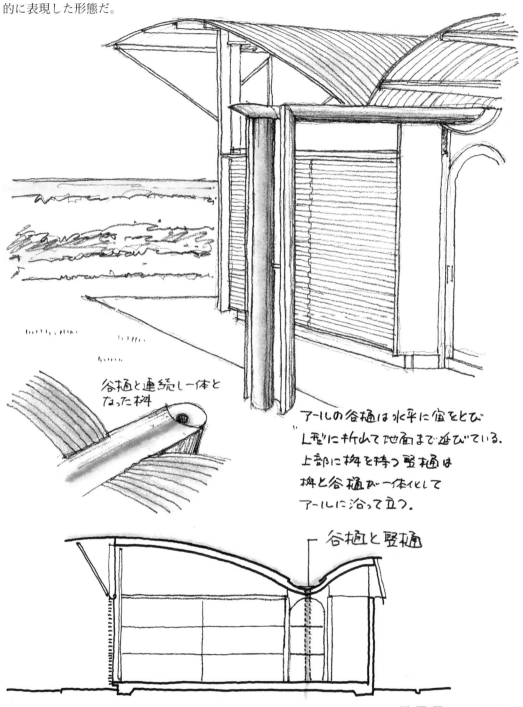

谷樋と連続し一体となった桝

アールの谷樋は水平に宙をとび
"L形"に折曲げて地面まで延びている。
上部に桝を持つ竪樋は
桝と谷樋が一体化して
アールに沿って立つ。

谷樋と竪樋

断面図1:100

谷樋は2枚のアールの屋根をスムーズにつなぐように
アールの形状をしている

02 フレッチャー＝ペイジ邸
グレン・マーカット、1998年

雨の重要さを体現した貯水タンク　　うける

この住宅もオーストラリアの広大な草原に建ち、最大限に環境を享受するように、東西に長く水平に伸びる平面に、緩やかな片流れの屋根がかかっている。この敷地も上水がなく、屋根全面が雨を集める役目を担う。屋根で集められた雨は片持ちでスッと宙に伸びる樋により、波板鉄板でつくられた4つのタンクに導かれる。片流れの軽快な屋根と象徴的なシルエットの貯水タンクが、飲料水、生活用水としての雨水の重要性を体現している。

貴重な雨を集めるシャープな軒樋と貯水タンクが
軽快で、象徴的なファサードをつくり出している.

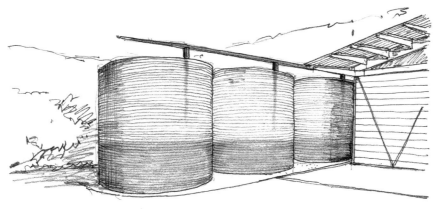

宙にスッと延びる軒樋と
波板鉄板でつくられた象徴的な貯水タンク。

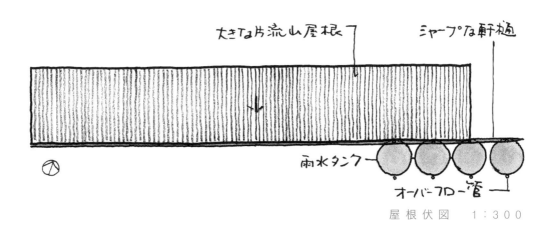

大きな片流れ屋根フ　　　　シャープな軒樋

雨水タンク

オーバーフロー管

屋根伏図　1:300

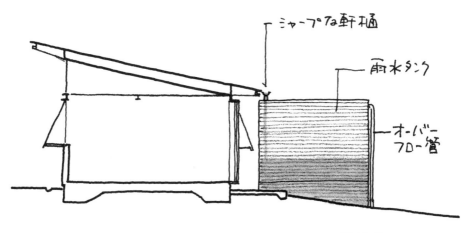

シャープな軒樋

雨水タンク

オーバー
フロー管

断面図　1:100

03 ルイ・カレ邸

アルヴァ・アアルト、1959 年

軒先をすっきり見せる開放樋とガーゴイル

きる

来訪者はエントランスゲートから、緩やかにカーブするなだらかな登り道を木々に囲まれて進む。豊かなアプローチの森を抜けると、木々の間から西下がりの斜面に沿った美しい片流れの屋根が優しく迎えてくれる。パルテノン神殿にも見られる、建物に対して45度に振れたアプローチが建築の佇まいを引き立たせている。

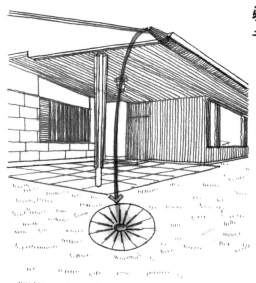

象の鼻の様なガーゴイルから落ちる雨を
デザインされた雨受けの排水Dに導く

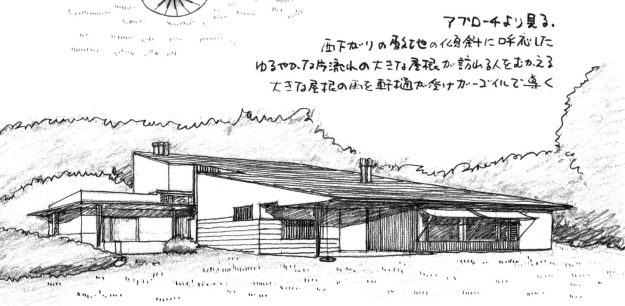

アプローチより見る。
西下がりの傾斜地の化粧斜に呼応した
ゆるやかな片流れの大きな屋根が訪れる人をむかえる
大きな屋根の雨を軒樋が受けガーゴイルで導く

シャープな軒先をスッキリ見せるため竪樋はない。先端に軒先と一体にデザインされた軒樋のみが設けられている。軒樋の端部は屋根から跳ね出し、先端が絞られた形で開放されている。小さな象の鼻のようなガーゴイルだ。開放された雨は、円形にデザインされた雨受けの排水口に落ちる。軒樋と排水口が一体となったデザインである。

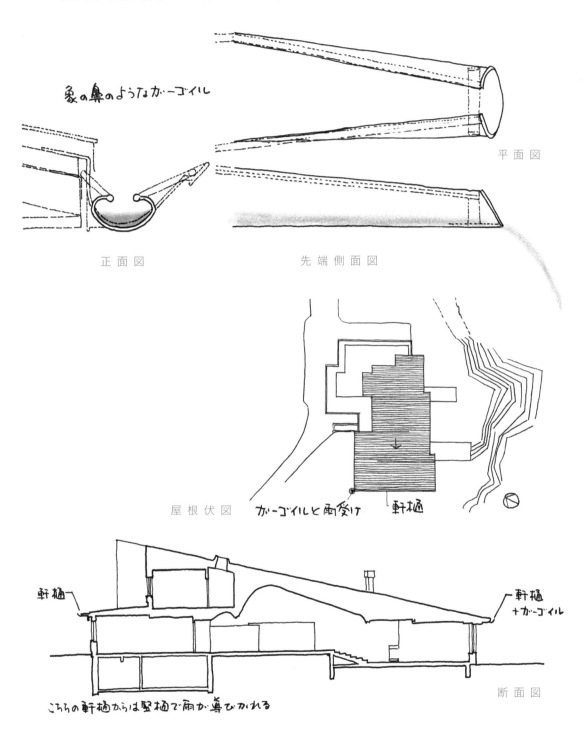

象の鼻のようなガーゴイル

平面図

正面図　　　　　　　　先端側面図

屋根伏図　　　ガーゴイルと雨受け　　　軒樋

軒樋　　　　　　　　　　　　　　　　　　　軒樋＋ガーゴイル

断面図

こちらの軒樋からは竪樋で雨が導びかれる

04 サラバイ邸
ル・コルビュジエ、1955年

雨を視覚化し、ファサードを動的にするガーゴイル

きる

今まで何度となく作品集や実際の建築を見ているのに、ル・コルビュジエの建築で雨樋を意識したことがなかった。そう思い改めて見てみると露出する樋はほとんど見当たらない。あってもうまくデザインされていて全く気にならない。雨の処理で見えるのは徹底してガーゴイル＝象の鼻である。

サラバイ邸はスコールがあるインドに建つ。インドのスコールは雨量が半端ではないようで、樋は全く役に立たない。緑豊かな庭に面した建物は、南側に深い軒が気持ち良い半屋外空間をつくり、陰影のある表情豊かなファサードが印象的だ。その上部壁面にガーゴイルが突き出し、スコール時の大量の雨を流している。

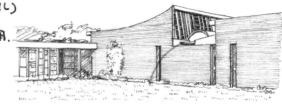

インド 建築学校 (チャンディガール)

コルビュジエは数多くの建築でガーゴイルを使用、豊かなファサードをつくり出している。

一般的には、ガーゴイルから落ちる雨は砂利などで受け、跳ね返りによる建物の汚れや劣化を防ぐ。特に日本では、木造、土壁が雨に弱いため大屋根の垂れ流しには砂利敷きの犬走りがつく。一方サラバイ邸では、大量の雨と敷地の広さにより、雨が落ちるところに砂利などによる跳ね返り防止はせず、芝生のままにしている。あえて大量の雨を直に流すことで、動きのあるファサードをつくり出しているようだ。

ガーゴイルから落ちる雨は、芝生の庭に直接流れ、
地面に導びかれる。

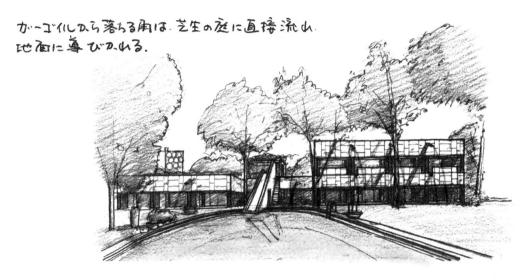

ガーゴイルがファサードに表情をつくるとともに 雨が視覚化され動きのあるファサードをつくる。

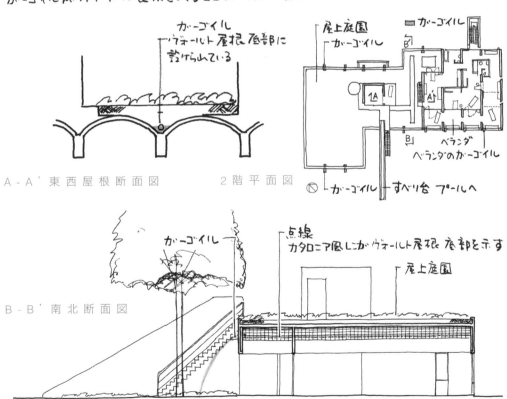

A-A'東西屋根断面図　　　　　2階平面図

B-B'南北断面図

05 グガルン・ハウス

ピーター・ズントー、1990 〜 94 年

軒のシャープさを際立たせる開放樋

きる

グガルン・ハウスは、スイス・グラウビュンデン州のなだらかな斜面に建つ古い民家を、増築リノベーションした住宅である。小さな校倉造りの建築を斜面に向かって延長することで、昔の面影を残している。延長することでできた水平に延びる軽快な切り妻屋根が特徴だ。この屋根の軽快さを生かすため、雨仕舞は軒樋のみである。単純な半丸樋の端部を開放することで雨を処理する、シンプルなディテールだ。また、この手法であれば、桂離宮・月波楼（p.99）のように端部に穴をあけることも考えられる。

古い民家の増築リノベーションで新旧をシンプルな切妻屋根でつないでいる。
呼び樋、竪樋はない。水平の軒樋のみで軽やかな屋根をつくり出している。

開放型軒樋
外壁を保護し日射をコントロールする切妻屋根。その水平性と伸びやかさをもたらす。呼び樋、竪樋はない。
軒樋は谷に向って傾斜した端部を開放した樋である。

樋自体が軒先とともに水平性を強調し、建物の伸びやかな印象を強めている。まさに、樋をあらわし雨を直に流す、明快な雨仕舞である。ただ一方で、周りに建物がない自然の丘陵地だからこそできるデザインであることも抑えておきたい。軒樋は通常は竪樋がつくためそちらに向かって目立たないくらいの勾配をつける。ここでも両端を開放することで谷に向かって緩やかな勾配をとっている。

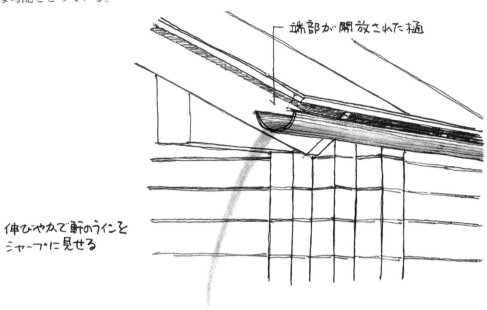

端部が開放された樋

伸びやかで軒のラインを
シャープに見せる

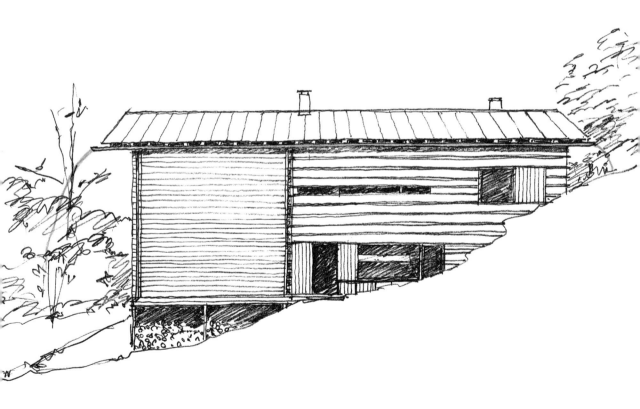

06 リヴァ・サンヴィターレの住宅

マリオ・ボッタ、1973 年

手摺スリット壁に突き出るクチバシのようなガーゴイル　　きる

マリオ・ボッタはコンクリートブロックという工業製品を使い、単純な形態の中に半屋外の空間を挿入して、プライバシーをも守りながらも開放的な居心地の良い住まいを数多く設計している。単純な形態がゆえに外部に出る雨樋はファサードを崩す要素となる。

この住宅の敷地は湖畔に向かった東下りの斜面地で、周囲には広大な森が広がっている。湖に向かったブリッジのアプローチにより最上階にアクセスできる。形態は直方体そのままで内部は4層の吹抜けで各階にテラスがあり、複雑な半外部空間が魅力である。

四角い箱の中に設けられた立体的なテラスの雨は、
手摺りのスリットから延びるガーゴイルにより、
シンプルな形態を乱すことなく地面に導く。

複雑な外部空間ゆえに、一番の問題は雨水の処理だ。まず吹き抜けの上部に屋根を設け、テラスに入る雨の量を少なくしている。竪樋は単純な形態を乱すためにない。各階のテラスの雨は、手摺壁のスリットに設けられた半円筒のクチバシのようなかわいいガーゴイルで、地面に流されている。

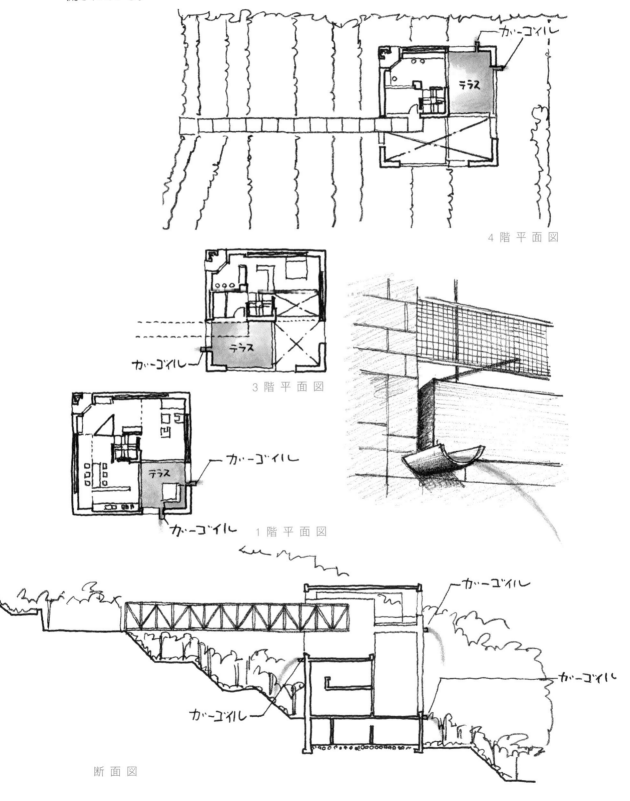

ガーゴイル

4 階平面図

3 階平面図

ガーゴイル

テラス

ガーゴイル

1 階平面図

ガーゴイル

ガーゴイル

ガーゴイル

ガーゴイル

断　面　図

07 コスモ・ザ・パークス調布多摩川

山本堀アーキテクツ・三輪設計、2003 年

フレームを構成し、建築に溶け込む化粧雨樋

みたてる

　集合住宅の外観は、手摺、開口、庇、屋根、隔て板、PS、雨樋、ドレイン管、連結送水管、空調室外機など様々な構成要素でできている。しかし、ファサードデザイン上は不要な要素も多い。これらのうち、ドレイン管、連結送水管、空調室外機などの設備上の要素は極力目立たないように配置や納まりを検討してできれば隠蔽し、外観に出ないようにしたい。

　しかし、一方で集合住宅では雨樋の隠蔽は難しく、バルコニー側と開放廊下にほぼ必ず露出される。設計者にとって最も処理が難しい部位の一つと言える。

　具体的に難しい点は主に二つある。一つは一般的な納まりで出る横引きが各階の軒裏に出てファサードを乱す。もう一つは隔て板、バルコニー、廊下のスラブを受けるキャンティレバーの梁（跳ね出しが2mを超えると必要な場合が多い）、柱部分での通路幅の確保などで樋の位置が柱の芯からずれることが多く、全体のリズムを乱してしまうことだ。これらを解決し、集合住宅のファサードを乱さず端正に見せるデザインを紐解きたい。

　この建築の特徴は、多摩川の眺望が広がる南西面に120mの長大なファサードを持つことだ。良い住環境を確保するため南と東に面したL型配置とし、容積を最大限消化するため日影規制で北と西に向かい段々とセットバックしている。段々の長大なファサードは、圧迫感がある上にスカイラインを乱す。それを解消しているのがフレーム構成を基本としたファサードだ。

スラブ＋化粧柱（化粧カバー＋化粧雨樋）がフレームを構成し
軽やかで端正でありながらリズムのあるファサードをつくる。

多摩川河岸より見る

セットバック部分は、最上部庇とスラブの水平線と縦リブの垂直線によりフレームが構成され、整形となるように調整しスカイラインの輪郭を整えている。フレーム構成を基本としたファサードの場合、縦リブはPCなどが多いが、ここでは雨樋兼用化粧柱とすることで雨樋の存在を無くしている。ここで使用している雨樋兼用化粧柱は既製品であるが、スラブを欠きこみ、化粧柱とスラブ先端を同面にしたことと、化粧柱の見付けとスラブの見付けをほぼ同寸としたことで、フレームデザインを強調して軽やかで端正でありながらリズムのあるファサードをつくり出した。

化粧柱（化粧カバー＋化粧雨樋）・キャンティレバースラブと最短の呼び樋が
水平ラインを強調するシンプルな軒天をつくる

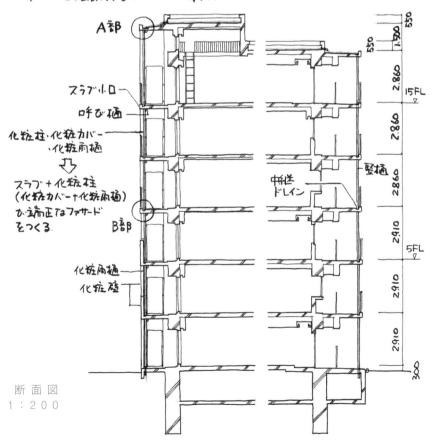

断 面 図
1：200

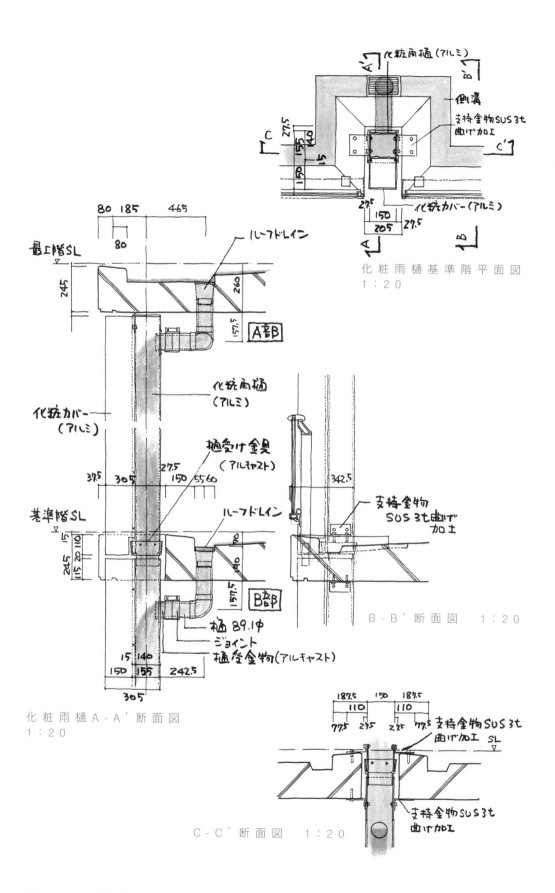

化粧雨樋（アルミ）

側溝

支持金物SUS3t
曲げ加工

化粧カバー（アルミ）

化粧雨樋基準階平面図
1：20

ルーフドレイン

最上階SL

化粧雨樋
（アルミ）

化粧カバー
（アルミ）

樋受け金具
（アルキャスト）

ルーフドレイン

支持金物
SUS3t曲げ
加工

基準階SL

B-B'断面図　1：20

樋 89.1φ
ジョイント
樋受金物（アルキャスト）

化粧雨樋A-A'断面図
1：20

支持金物SUS3t
曲げ加工

SL

支持金物SUS3t
曲げ加工

C-C'断面図　1：20

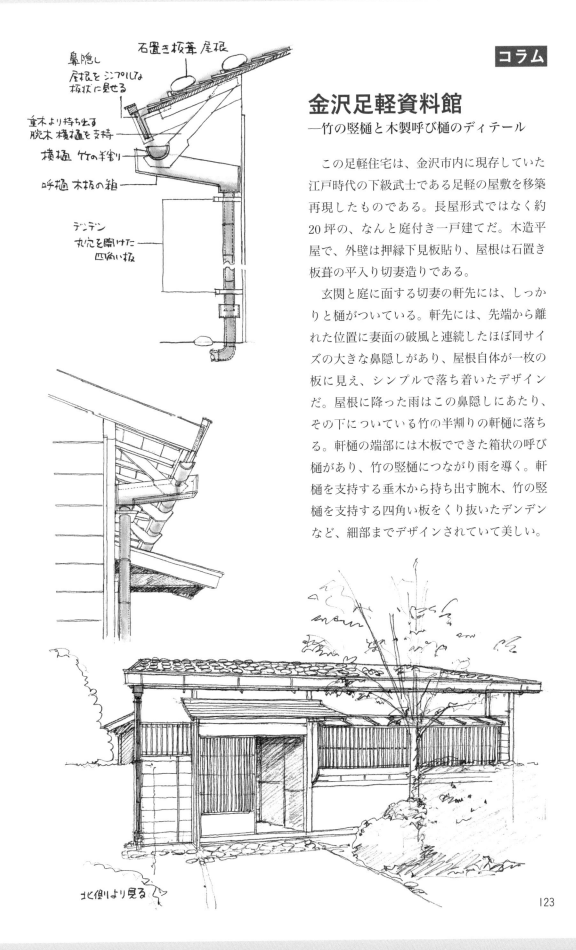

金沢足軽資料館
一竹の竪樋と木製呼び樋のディテール

　この足軽住宅は、金沢市内に現存していた江戸時代の下級武士である足軽の屋敷を移築再現したものである。長屋形式ではなく約20坪の、なんと庭付き一戸建てだ。木造平屋で、外壁は押縁下見板貼り、屋根は石置き板葺の平入り切妻造りである。

　玄関と庭に面する切妻の軒先には、しっかりと樋がついている。軒先には、先端から離れた位置に妻面の破風と連続したほぼ同サイズの大きな鼻隠しがあり、屋根自体が一枚の板に見え、シンプルで落ち着いたデザインだ。屋根に降った雨はこの鼻隠しにあたり、その下についている竹の半割りの軒樋に落ちる。軒樋の端部には木板でできた箱状の呼び樋があり、竹の竪樋につながり雨を導く。軒樋を支持する垂木から持ち出す腕木、竹の竪樋を支持する四角い板をくり抜いたデンデンなど、細部までデザインされていて美しい。

石置き板葺屋根

鼻隠し
屋根をシンプルな
板状に見せる

垂木より持ち出す
腕木 横樋を支持

横樋 竹の半割り

呼樋 木板の箱

デンデン
丸穴を開けた
四角い板

北側より見る

08 シュレーダー邸

ヘリット・トーマス・リートフェルト、1924 年

近づかないと分からない巧妙にかくされた樋

みたてる

設計者のヘリット・トーマス・リートフェルトが最初に手がけた建築が、デ・スティル運動の理念を具現化し一大センセーショナルを巻き起こしたシュレーダー邸だ。シュレーダー邸の外観は、幾何学的な面と線で構成されている。

街路に面する主な外壁面は南と西である。この2面は地面から建つ大きな壁、宙に浮遊したように軽やかな壁、そして原色（赤、黄色）と無彩色（白、黒）で着色された水平垂直の線で表現されている。それがリズミカルでありながら、ヒューマンなスケールにしている。

線と面 そして色で構成されたファサード
構成要素の線のひとつである雨樋
文献掲載の立面図には雨樋もしっかり表現されている*

＊『シュレーダー・ハウス　建築家　リートフェルト』（バナナブックス、2005 年、p.42）、
　『リートフェルト・シュレーダー邸　夫人が語るユトレヒトの小住宅』（彰国社、2010 年、p.81-82）

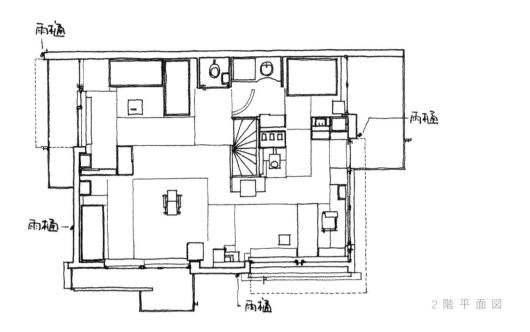

2 階平面図

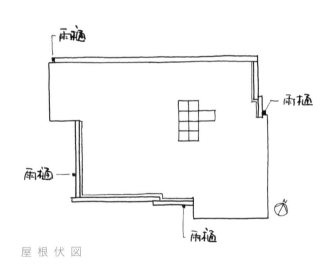

屋根伏図

　構成要素の線の一つである雨樋は、この大きな白い面に偏心して面の中にバランス良く配置され、大きな面の圧迫感を和らげるデザインのポイントである。また、樋は壁面とほぼ同色であることが存在感を和らげる役目を果たしている。シュレーダー邸を実際訪れた時、遠景ではこの雨樋の存在は全くわからなかった。近づいてじっくり観察し、でんでんがあることで初めて樋だとわかる。このように雨樋も面と線の構成要素の一つの線として扱われ、雨樋と感じさせない巧みな外観をつくり出している。

09 サザンハイランドの住宅
グレン・マーカット、2001 年

1枚の大屋根で効率よく雨を集める

そわす

　オーストラリアの広大な草原に建つサザンハイランドの住宅は、壁から連続し湾曲した波板鉄板の長い大屋根のデザインが印象的だ。この湾曲した大屋根が、冬期の厳しい寒さの南西の卓越風から家を守っている。ダイナミックな大屋根で大柄な印象を受ける一方、地面の際に少し浮かした樋を設けることで、全体は間延びしないシャープさをつくっている。

　また、一枚の大屋根で雨を受けるデザインは、印象的な外観をつくるだけではない。地球上で最も降水量の少ない大陸の一つ（平均年間降水量600mm未満）であるオーストラリアの気候の中で、雨水を余すことなく集めることができる、非常に理にかなった雨の処理方法だ。

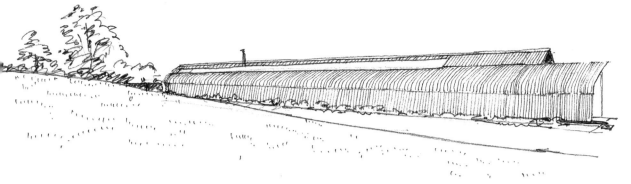

象徴的な長い湾曲した波板鉄板の屋根（屋根と壁が連続）が
冬期の厳しい南西の卓越風を防ぐと共に 雨のみちとなり、
樋の見えないシャープな外観をつくり出している。また、使給水の収集の役目も果たしている。

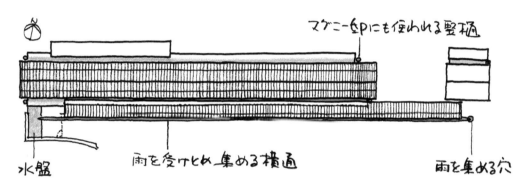

マグニー邸にも使われる竪樋

水盤

雨を受けとめ 集める横樋

雨を集める穴

屋根伏図

主室間を覆う屋根の雨水は連続化された樋で
両端の大きな枡を持つ竪樋に、
再びつかれ集められる
この樋はマグニー邸にも使用されている

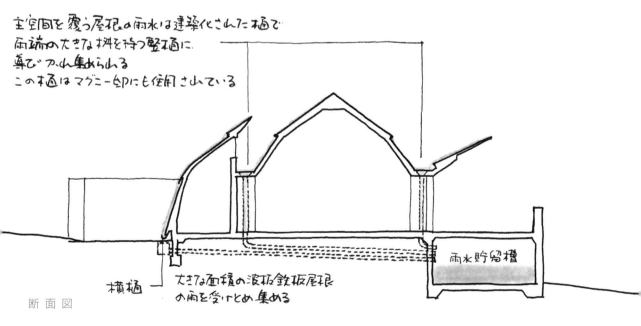

横樋

大きな面積の波板鉄板屋根
の雨を受けとめ集める

雨水貯留槽

断面図

10 house A

青木淳、2007 年

ハゼでつないだフラットな屋根と壁面に雨を流す

そわす

house A は、軒の出がまったくない単純な切妻屋根の家型である。普通は屋根と壁面は違う素材で仕上げることが一般的で、必ず軒先は鼻隠し等の見切り材を設け処理される。一方この住宅は、屋根と壁面は連続した同一の塗装鋼板で葺かれていて、いっそう単純な家型を強調している。

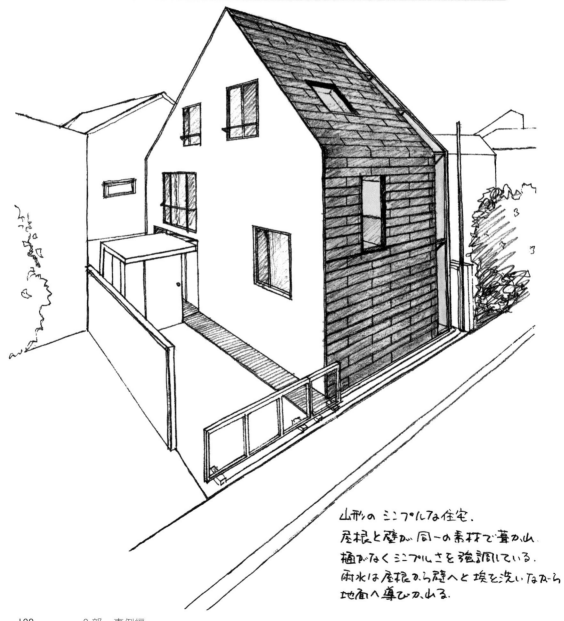

山形の シンプルな 住宅.
屋根と壁が 同一の素材で 葺かれ.
樋でなく シンプルさを 強調している.
雨水は 屋根から 壁へと 埃を洗いながら
地面へ 導びかれる.

葺き方は塗装鋼板をハゼ（板金工事における細工で、両材の端部を折り曲げて巻き込んで接合する方法）でつないだ凹凸がないフラットな平葺きの仕上げだ。折り曲げられた端部は漏水を防ぐ水返しの役目も果たしている。また、屋根と壁の接点にはハゼが来ないようにまたいでいるため、屋根と壁の連続性が強調されるとともに、降った雨水は屋根から壁へと埃を洗い流しながらスムーズに流れる。屋根と壁が連続した面で雨を流し、樋がないファサードを実現、文字通りの家型をつくっている。

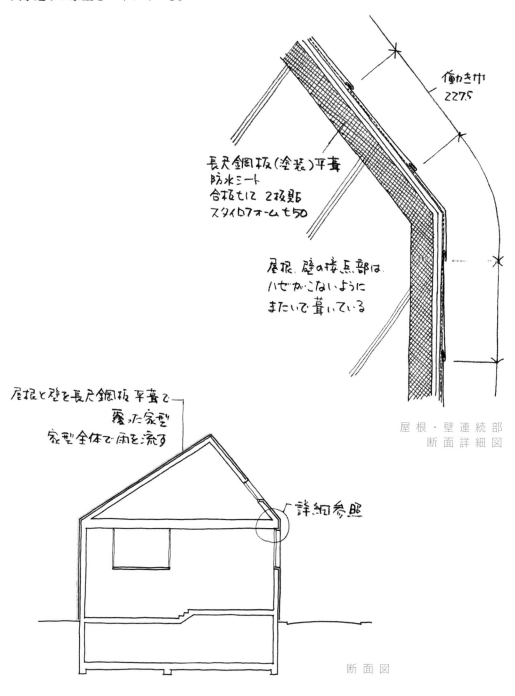

働き巾
227.5

長尺鋼板（塗装）平葺
防水シート
合板t12 2枚貼
スタイロフォームt50

屋根、壁の接点部は
ハゼがこないように
またいで葺いている

屋根・壁連続部
断面詳細図

屋根と壁を長尺鋼板 平葺で
覆った家型
家型全体で雨を流す

詳細参照

断面図

11 小出邸
堀口捨己、1925 年

工芸品のような緩いカーブの樋支持材 `つなぐ`

　待庵、桂離宮・月波楼のような宙を走る軽やかな樋を近代に実現した建築がある。堀口捨巳の小出邸である（堀口は他の作品にも多用している）。

　堀口は 1895 年に生まれ、東京帝国大学建築学科卒業後、建築の設計活動を始める。1923 〜 24 年に渡欧を経て、帰国後は小出邸、紫烟荘など日本におけるモダニズム建築を展開した。

　建築家としての処女作ともいえる小出邸は、ピラミッド状の宝形屋根に陸屋根の箱型が貫入した構成で、大屋根とシャープな軒の水平ラインの対比が印象的な外観だ。この幾何学的な構成からは面と線で構成される「デ・スティル運動」の影響を強く感じることができる。

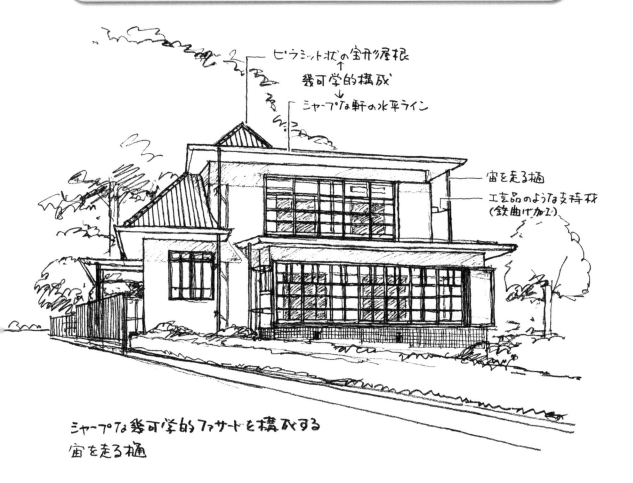

ピラミット状の宝形屋根
↑
幾何学的構成
↓
シャープな軒の水平ライン

宙を走る樋
工芸品のような支持材
（鉄曲げカエ）

シャープな幾何学的ファサードを構成する
宙を走る樋

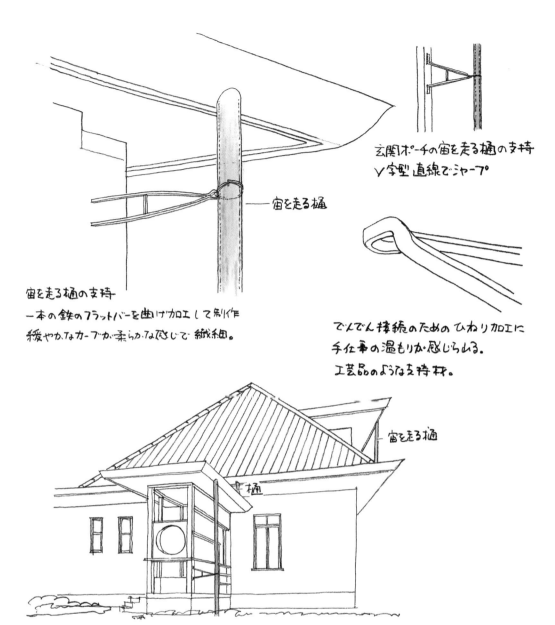

宙を走る樋

玄関ポーチの宙を走る樋の支持
V字型直線でシャープ

宙を走る樋の支持
一本の鉄のフラットバーを曲げ加工して制作
緩やかなカーブが柔らかな感じで繊細。

でんでん接続のためのひねり加工に
手仕事の温もりが感じられる。
工芸品のような支持材。

宙を走る樋

軒樋

玄関ポーチの宙を走る樋の支持はV字型の直線でシャープ。

　外観を構成する一つの線の要素として軒先に設けられた竪樋は、呼び樋を介せず屋根と一体化した軒樋から垂直におりている。伝統的な竹の樋の納まりを用いて、樋においてもモダニズム建築と伝統文化の融合を実践しているといえる。

　竪樋の支持方法がまた心憎い。1本の鉄のフラットバーを捻って曲げ緩いカーブをつけ、根元近くを同材でつないで補強したV字とし、竪樋を支持している。単純なディテールで人の手の温もりが感じられ、それ自体が工芸品のようだ。この工芸品のような支持材で支えられる樋はとても繊細である。

12 ヌーヴェル赤羽台6・7号棟
山本堀アーキテクツ・みのべ建築設計事務所、2010年

既製品を活用した軽やかな雨仕舞　　　つなぐ

　集合住宅において開放廊下側のファサードは、住居のプライバシーや防犯上、鉄扉と格子付きの小さめの開口のみが多く、特に単調になりさみしさが漂いがちである。隣には誰が住んでいるかもわからないのが現状だが、本来廊下は道の延長であり、コミュニティの場であるべきである。

　この集合住宅には、道の延長としての開放廊下に出ニッチと呼んでいるコミュニティの場となるようなベンチ付きのガラススクリーンボックスを設けている。夜は行灯のように光り、夜の風景をつくり出し、ファサードにリズムを与える。

横引きドレインで接続されたアルミ製化粧竪樋
呼び樋がなく宙を走る樋が
シンプルですっきりした表情をつくり出す.

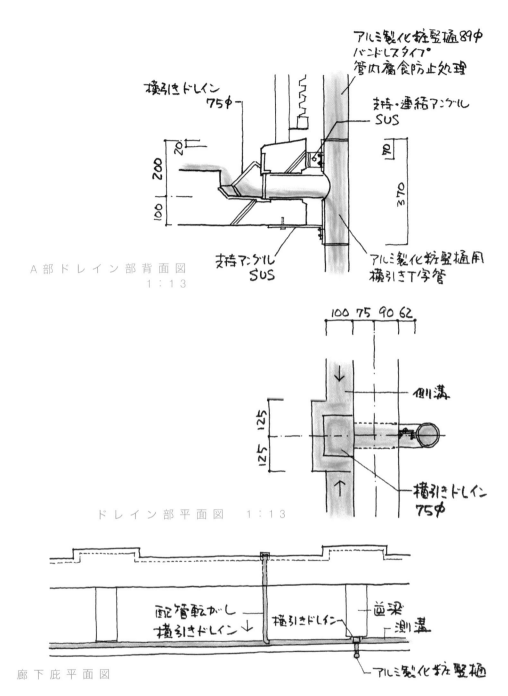

A部ドレイン部背面図
1：13

アルミ製化粧竪樋89φ
バンドレスタイプ
管内腐食防止処理

支持・連絡アングル
SUS

横引きドレイン
75φ

支持アングル
SUS

アルミ製化粧竪樋用
横引きT字管

ドレイン部平面図　1：13

側溝

横引きドレイン
75φ

配管転がし
横引きドレイン

横引きドレイン

庇梁

側溝

アルミ製化粧竪樋

廊下庇平面図

　出ニッチのリズムを乱さないように、既製品の89φアルミバンドレスの竪樋を、スラブ先端の横引きドレインを介してアルミ製化粧竪樋用横引きT字管で、手摺前面に配している。キャンティレバーのスラブ先端は薄いため、横引きドレインを避けた配筋の検討を十分行った。そうすることで鬱陶しい呼び樋をなくし、アルミの横リブ手摺と呼応するような軽やかな縦のラインが生み出されている。開放廊下にある出ニッチと協調しあい、リズム感のある楽しいファサードである。

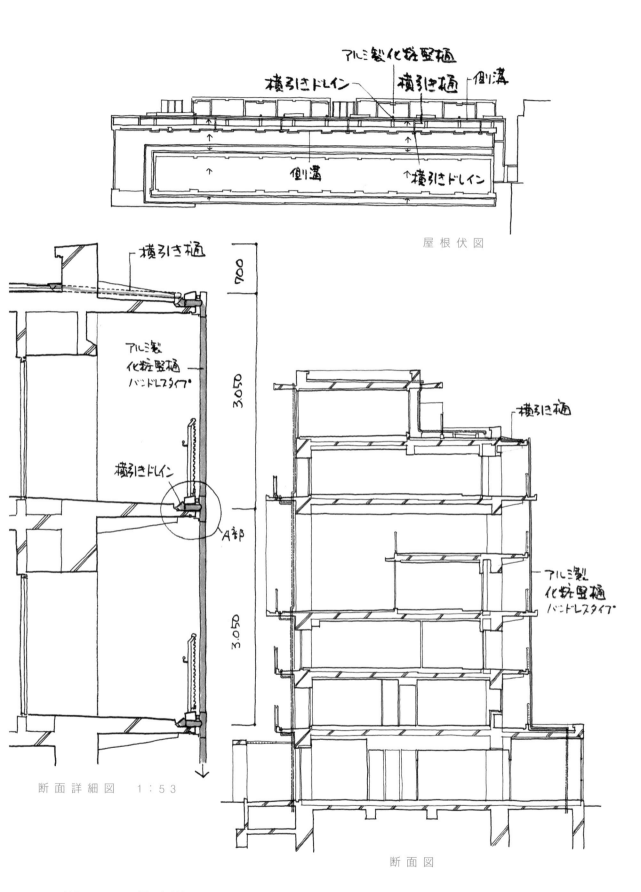

アルミ製化粧竪樋

横引きドレイン　　　横引き樋　　側溝

側溝　　　　　　　横引きドレイン

屋根伏図

横引き樋

アルミ製
化粧竪樋
バンドレスタイプ

横引きドレイン

A部

700

3,050

3,050

断面詳細図　1：53

横引き樋

アルミ製
化粧竪樋
バンドレスタイプ

断面図

13 ヌーヴェル赤羽台 11 号棟

遠藤剛生、2015 年

樋を納める GRC マリオンと樋をすっきり見せる中継ドレイン

　　高台に建つこの棟は崖線に向かって南側に豊かな眺望が開けている。この環境を生かすように、南側にガーデニングが楽しめる奥行きがあるガラス手摺のバルコニーと、物干し利用の奥行きが浅い竪格子手摺のバルコニーを千鳥配置している。柱芯には、上下階の凹凸バルコニーの凸部を串刺すように GRC マリオンが通っている。

廊下側 外観
　中継ドレインによる呼び樋を設けない竪樋が 柱の様で
　水平に伸びる ガラス手摺とともに
　開放的でありながら 安心感を生み出す。

バルコニー側 外観
竪樋を隠すGRCマリオンと
千鳥配置の バルコニーが
リズミカルなファサードをつくる.

竪樋は GRC マリオンの中に納まり、凸部では中継ドレイン、凹部では呼び樋で接続し、雨を導いている。竪樋は正面から見えないため塩ビ製 75 φ である。この竪樋を隠蔽した GRC マリオンと千鳥配置が住戸に明るさをもたらすとともに、単調になりがちな集合住宅のファサードにリズミカルな表情をつくる。

　対照的に開放廊下側は、水平に伸びるガラス手摺による軽快で開放的なファサードだ。雨を導く竪樋は鋼製 100 φ で、スパンの中心の手摺側に手摺の支柱とスラブで支持され、中継ドレインにより雨を導きながらまっすぐ宙を走る。呼び樋を設けないすっきりした納まりが、ガラス手摺とともに端正なファサードをつくる。また呼び樋がないこの竪樋は廊下から見ると列柱のようで、開放的でありながら安心感を生み出す。

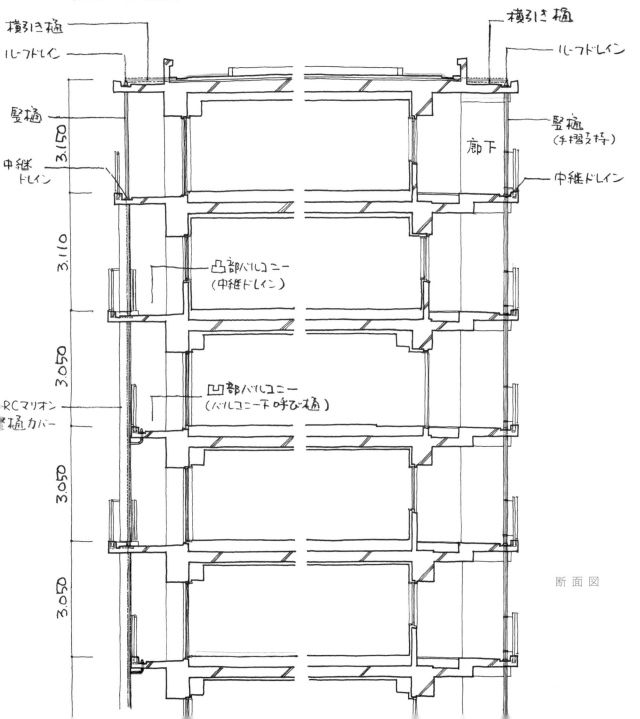

断　面　図

　雨仕舞の基本は漏水しないということです。建築に正解がないように雨仕舞にも正解はありません。そのため、基本を守りながら、建築のファサードを決定づける一つの要素としての雨仕舞のスタディを、屋根から地面までの雨の流れをイメージして数多く繰り返し行い、その様々なスタディの中から解答を見つける必要があります。この本がその解答を導き出す一つのヒントになればと思います。

　この本は、ウェブで連載中の「雨のみちデザイン　雨のみち名作探訪」「雨のみちデザイン　流し・納めるディテール11章」がもとになっています。この本がまとめられたのは、連載という場を与えていただいたタニタハウジングウェアの皆様、そしてその内容のアイデアを共に考えていただいた真壁智治さんのおかげです。改めて心よりお礼申し上げます。連載の一部は共立女子大学建築・デザイン専攻の大学院生とともに調査分析執筆しました。ともに活動してくれた関笑加さん、山口未来さん、太田花奈さん、新垣佑衣さん、今村真帆さん、後藤桃唯さん、山田真由さん、常陰悠乃さん、佐藤暖さん、五月女由佳さん、配置図作成をしてくれた小嶋あき英さん、そして助手の藤田悦世さんにも心よりお礼申し上げます。
　また、掲載についてのご快諾をいただいた吉村隆子様、図面の提供と原稿の確認をいただいた設計事務所の方々に改めて心よりお礼申し上げます。
　この本の企画・編集を担当していただいた中井希衣子さんにも感謝いたします。

　　　　　　　　　　２０２０年９月　　堀啓二

著者

堀 啓二（ほり けいじ）
山本堀アーキテクツ共同主宰、共立女子大学家政学部建築・
デザイン学科教授。
1957 年福岡県生まれ。東京藝術大学美術学部建築科卒業、
同大学大学院修了。同大学で助手を経た後、1989 年に山
本堀アーキテクツを設立。2004 年からは設計業の傍ら、
共立女子大学に勤務。一級建築士。
著書に『断面パースで読む 住宅の「居心地」』（彰国社、
2010）、『名作住宅から学ぶ 窓廻りディテール図集』（オー
ム社、2016）など。タニタハウジングウェア（雨樋のメー
カー）のウェブサイト「雨のみちデザイン」では、「雨の
みち名作探訪」「流し・納めるディテール 11 章」を連載。
主な作品に、大東文化大学板橋キャンパス（共同設計、日
本建築学会作品推奨、東京建築賞東京都知事賞）、プラウ
ドジェム渋谷神南（グッドデザイン賞）など。

図解　雨仕舞の名デザイン

2020 年 9 月 20 日　第 1 版第 1 刷発行
2021 年 6 月 20 日　第 1 版第 2 刷発行

著　者⋯⋯⋯堀啓二

発行者⋯⋯⋯前田裕資

発行所⋯⋯⋯株式会社学芸出版社
　　　　　　京都市下京区木津屋橋通西洞院東入
　　　　　　電話 075-343-0811　〒 600-8216
　　　　　　http://www.gakugei-pub.jp/
　　　　　　info@gakugei-pub.jp

編集担当⋯⋯中井希衣子

DTP　　⋯⋯梁川智子（KST Production）
装丁　　⋯⋯美馬智

印刷・製本⋯モリモト印刷

ⓒ堀啓二 2020　　　　　　　　　　Printed in Japan

ISBN 978-4-7615-2751-8

現場で学ぶ　住まいの雨仕舞い

玉水新吾　著

四六判・224頁・2000円＋税

　建築主の信頼を最も失うトラブルは、雨漏りである。漏らなくて当り前に拘わらず、実際には大変多い欠陥の一つであるように、雨仕舞いは常に住宅の課題だ。本書は、ベテラン技術者が木造住宅の豊富なトラブル事例をもとに、雨漏りのしにくいデザイン、危険部位における雨の浸入対策等、雨漏りしない家づくりのノウハウを公開。

図解　雨漏り事件簿　原因調査と対策のポイント

玉水新吾・唐鎌謙二　著／雨漏り110番技術班　監修

Ａ５判・216頁・2500円＋税

　住宅トラブルの大半を占める雨漏りの原因調査と対策について、修理実績1万1千件以上・解決率97％超、日本最大のプロ集団である「雨漏り110番」が総力を挙げ、多数の生の事例をもとに実務に役立つポイントを解説。ヒアリングシートと多数の現場写真で原因と対策を丁寧に図解することで、ノウハウをぎっしり詰め込んだ一冊。

図解　建築と設備の接点　─トラブル予防のツボ

仲本尚志・馬渡勝昭・赤澤正治　著／日本建築協会　企画

Ａ５判・232頁・2800円＋税

　騒音・振動・漏水・結露・臭気・メンテしにくい…。様々な問題につながりやすい建築と設備の「接点」（取り合い）を建物のライフサイクル・建築の部位別に一覧し、トラブル予防の方法を設備別にイラストで詳細に図解。ますます重要度を増し、高度化・複雑化する設備との「融合」を目指す建築設計・施工管理技術者必携の一冊。

窓がわかる本　─設計のアイデア32

中山繁信・長沖　充・杉本龍彦・片岡菜苗子　著

Ａ５判・160頁・2200円＋税

　苦手とする設計者が多い開口部のデザイン。様々な条件を満たしつつデザイン性と機能性を両立させることは難しい。本書は、その手ごわい窓の役割を見直し、空間を豊かにするための工夫をイラストで図解。ハイサイドライトやトップライト、半屋外空間、間仕切りの活用、景色の取り込み方など、設計に活かせるアイデアが満載。